INDONÉSIO
VOCABULÁRIO

PALAVRAS MAIS ÚTEIS

PORTUGUÊS INDONÉSIO

Para alargar o seu léxico e apurar as suas competências linguísticas

5000 palavras

Vocabulário Português-Indonésio - 5000 palavras
Por Andrey Taranov

Os vocabulários da T&P Books destinam-se a ajudar a aprender, a memorizar, e a rever palavras estrangeiras. O dicionário é dividido em temas, cobrindo todas as principais esferas de atividades quotidianas, negócios, ciência, cultura, etc.

O processo de aprendizagem, utilizando os dicionários baseados em temáticas da T&P Books dá-lhe as seguintes vantagens:

- Informação de origem corretamente agrupada predetermina o sucesso em fases subsequentes da memorização de palavras
- Disponibilização de palavras derivadas da mesma raiz, o que permite a memorização de unidades de texto (em vez de palavras separadas)
- Pequenas unidades de palavras facilitam o processo de estabelecimento de vínculos associativos necessários para a consolidação do vocabulário
- O nível de conhecimento da língua pode ser estimado pelo número de palavras aprendidas

Copyright © 2019 T&P Books Publishing

Todos os direitos reservados. Nenhuma parte desta publicação pode ser reproduzida, total ou parcialmente, por quaisquer métodos ou processos, sejam eles eletrónicos, mecânicos, de fotocópia ou outros, sem a autorização escrita do editor. Esta publicação não pode ser divulgada, copiada ou distribuída em nenhum formato.

T&P Books Publishing
www.tpbooks.com

ISBN: 978-1-78616-509-1

Este livro também está disponível em formato E-book.
Por favor visite www.tpbooks.com ou as principais livrarias on-line.

VOCABULÁRIO INDONÉSIO
palavras mais úteis

Os vocabulários da T&P Books destinam-se a ajudar a aprender, a memorizar, e a rever palavras estrangeiras. O vocabulário contém mais de 5000 palavras de uso comum organizadas tematicamente.

O vocabulário contém as palavras mais comummente usadas
Recomendado como adicional para qualquer curso de línguas
Satisfaz as necessidades dos iniciados e dos alunos avançados de línguas estrangeiras
Conveniente para o uso diário, sessões de revisão e atividades de auto-teste
Permite avaliar o seu vocabulário

Características especias do vocabulário

- As palavras estão organizadas de acordo com o seu significado, e não por ordem alfabética
- As palavras são apresentadas em três colunas para facilitar os processos de revisão e auto-teste
- As palavras compostas são divididas em pequenos blocos para facilitar o processo de aprendizagem
- O vocabulário oferece uma transcrição simples e adequada de cada palavra estrangeira

O vocabulário contém 155 tópicos incluindo:

Conceitos básicos, Números, Cores, Meses, Estações do ano, Unidades de medida, Roupas & Acessórios, Alimentos & Nutrição, Restaurante, Membros da Família, Parentes, Caráter, Sentimentos, Emoções, Doenças, Cidade, Passeios, Compras, Dinheiro, Casa, Lar, Escritório, Trabalho no Escritório, Importação & Exportação, Marketing, Pesquisa de Emprego, Desportos, Educação, Computador, Internet, Ferramentas, Natureza, Países, Nacionalidades e muito mais …

TABELA DE CONTEÚDOS

Guia de pronunciação	9
Abreviaturas	10

CONCEITOS BÁSICOS — 11
Conceitos básicos. Parte 1 — 11

1. Pronomes — 11
2. Cumprimentos. Saudações. Despedidas — 11
3. Como se dirigir a alguém — 12
4. Números cardinais. Parte 1 — 12
5. Números cardinais. Parte 2 — 13
6. Números ordinais — 14
7. Números. Frações — 14
8. Números. Operações básicas — 14
9. Números. Diversos — 14
10. Os verbos mais importantes. Parte 1 — 15
11. Os verbos mais importantes. Parte 2 — 16
12. Os verbos mais importantes. Parte 3 — 17
13. Os verbos mais importantes. Parte 4 — 18
14. Cores — 19
15. Questões — 19
16. Preposições — 20
17. Palavras funcionais. Advérbios. Parte 1 — 20
18. Palavras funcionais. Advérbios. Parte 2 — 22

Conceitos básicos. Parte 2 — 24

19. Dias da semana — 24
20. Horas. Dia e noite — 24
21. Meses. Estações — 25
22. Unidades de medida — 27
23. Recipientes — 28

O SER HUMANO — 29
O ser humano. O corpo — 29

24. Cabeça — 29
25. Corpo humano — 30

Vestuário & Acessórios — 31

26. Roupa exterior. Casacos — 31
27. Vestuário de homem & mulher — 31

28. Vestuário. Roupa interior	32
29. Adereços de cabeça	32
30. Calçado	32
31. Acessórios pessoais	33
32. Vestuário. Diversos	33
33. Cuidados pessoais. Cosméticos	34
34. Relógios de pulso. Relógios	35

Alimentação. Nutrição	36
35. Comida	36
36. Bebidas	37
37. Vegetais	38
38. Frutos. Nozes	39
39. Pão. Bolaria	40
40. Pratos cozinhados	40
41. Especiarias	41
42. Refeições	42
43. Por a mesa	43
44. Restaurante	43

Família, parentes e amigos	44
45. Informação pessoal. Formulários	44
46. Membros da família. Parentes	44

Medicina	46
47. Doenças	46
48. Sintomas. Tratamentos. Parte 1	47
49. Sintomas. Tratamentos. Parte 2	48
50. Sintomas. Tratamentos. Parte 3	49
51. Médicos	50
52. Medicina. Drogas. Acessórios	50

HABITAT HUMANO	52
Cidade	52
53. Cidade. Vida na cidade	52
54. Instituições urbanas	53
55. Sinais	54
56. Transportes urbanos	55
57. Turismo	56
58. Compras	57
59. Dinheiro	58
60. Correios. Serviço postal	59

Moradia. Casa. Lar	60
61. Casa. Eletricidade	60

62.	Moradia. Mansão	60
63.	Apartamento	60
64.	Mobiliário. Interior	61
65.	Quarto de dormir	62
66.	Cozinha	62
67.	Casa de banho	63
68.	Eletrodomésticos	64

ATIVIDADES HUMANAS 65
Emprego. Negócios. Parte 1 65

69.	Escritório. O trabalho no escritório	65
70.	Processos negociais. Parte 1	66
71.	Processos negociais. Parte 2	67
72.	Produção. Trabalhos	68
73.	Contrato. Acordo	69
74.	Importação & Exportação	70
75.	Finanças	70
76.	Marketing	71
77.	Publicidade	72
78.	Banca	72
79.	Telefone. Conversação telefónica	73
80.	Telefone móvel	74
81.	Estacionário	74
82.	Tipos de negócios	75

Emprego. Negócios. Parte 2 77

83.	Espetáculo. Feira	77
84.	Ciência. Investigação. Cientistas	78

Profissões e ocupações 80

85.	Procura de emprego. Demissão	80
86.	Gente de negócios	80
87.	Profissões de serviços	81
88.	Profissões militares e postos	82
89.	Oficiais. Padres	83
90.	Profissões agrícolas	83
91.	Profissões artísticas	84
92.	Várias profissões	84
93.	Ocupações. Estatuto social	86

Educação 87

94.	Escola	87
95.	Colégio. Universidade	88
96.	Ciências. Disciplinas	89
97.	Sistema de escrita. Ortografia	89
98.	Línguas estrangeiras	90

| Descanso. Entretenimento. Viagens | 92 |

99. Viagens	92
100. Hotel	92

EQUIPAMENTO TÉCNICO. TRANSPORTES	94
Equipamento técnico. Transportes	94

101. Computador	94
102. Internet. E-mail	95
103. Eletricidade	96
104. Ferramentas	96

Transportes	99
105. Avião	99
106. Comboio	100
107. Barco	101
108. Aeroporto	102

Eventos	104
109. Férias. Evento	104
110. Funerais. Enterro	105
111. Guerra. Soldados	105
112. Guerra. Ações militares. Parte 1	106
113. Guerra. Ações militares. Parte 2	108
114. Armas	109
115. Povos da antiguidade	111
116. Idade média	111
117. Líder. Chefe. Autoridades	113
118. Viloação da lei. Criminosos. Parte 1	114
119. Viloação da lei. Criminosos. Parte 2	115
120. Polícia. Lei. Parte 1	116
121. Polícia. Lei. Parte 2	117

NATUREZA	119
A Terra. Parte 1	119
122. Espaço sideral	119
123. A Terra	120
124. Pontos cardeais	121
125. Mar. Oceano	121
126. Nomes de Mares e Oceanos	122
127. Montanhas	123
128. Nomes de montanhas	124
129. Rios	124
130. Nomes de rios	125
131. Floresta	125
132. Recursos naturais	126

A Terra. Parte 2	128
133. Tempo	128
134. Tempo extremo. Catástrofes naturais	129

Fauna	130
135. Mamíferos. Predadores	130
136. Animais selvagens	130
137. Animais domésticos	131
138. Pássaros	132
139. Peixes. Animais marinhos	134
140. Amfíbios. Répteis	134
141. Insetos	135

Flora	136
142. Árvores	136
143. Arbustos	136
144. Frutos. Bagas	137
145. Flores. Plantas	138
146. Cereais, grãos	139

PAÍSES. NACIONALIDADES	140
147. Europa Ocidental	140
148. Europa Central e de Leste	140
149. Países da ex-URSS	141
150. Asia	141
151. América do Norte	142
152. América Central do Sul	142
153. Africa	142
154. Austrália. Oceania	143
155. Cidades	143

GUIA DE PRONUNCIAÇÃO

Letra	Exemplo indonésio	Alfabeto fonético T&P	Exemplo Português
Aa	zaman	[a]	chamar
Bb	besar	[b]	barril
Cc	kecil, cepat	[tʃ]	Tchau!
Dd	dugaan	[d]	dentista
Ee	segera, mencium	[e], [ə]	mover
Ff	berfungsi	[f]	safári
Gg	juga, lagi	[g]	gosto
Hh	hanya, bahwa	[h]	[h] aspirada
Ii	izin, sebagai ganti	[i], [j]	sinónimo, géiser
Jj	setuju, ijin	[dʒ]	tajique
Kk	kemudian, tidak	[k], [ʔ]	kiwi, oclusiva glotal
Ll	dilarang	[l]	libra
Mm	melihat	[m]	magnólia
Nn	berenang	[n], [ŋ]	natureza, alcançar
Oo	toko roti	[oː]	albatroz
Pp	peribahasa	[p]	presente
Qq	Aquarius	[k]	kiwi
Rr	ratu, riang	[r]	[r] vibrante
Ss	sendok, syarat	[s], [ʃ]	sanita, mês
Tt	tamu, adat	[t]	tulipa
Uu	ambulans	[u]	bonita
Vv	renovasi	[v]	fava
Ww	pariwisata	[w]	página web
Xx	boxer	[ks]	perplexo
Yy	banyak, syarat	[j]	géiser
Zz	zamrud	[z]	sésamo

Combinações de letras

aa	maaf	[aʔa]	a+oclusiva glotal
kh	khawatir	[h]	[h] aspirada
th	Gereja Lutheran	[t]	tulipa
-k	tidak	[ʔ]	oclusiva glotal

ABREVIATURAS
usadas no vocabulário

Abreviaturas do Português

adj	-	adjetivo
adv	-	advérbio
anim.	-	animado
conj.	-	conjunção
desp.	-	desporto
etc.	-	etecetra
ex.	-	por exemplo
f	-	nome feminino
f pl	-	feminino plural
fem.	-	feminino
inanim.	-	inanimado
m	-	nome masculino
m pl	-	masculino plural
m, f	-	masculino, feminino
masc.	-	masculino
mat.	-	matemática
mil.	-	militar
pl	-	plural
prep.	-	preposição
pron.	-	pronome
sb.	-	sobre
sing.	-	singular
v aux	-	verbo auxiliar
vi	-	verbo intransitivo
vi, vt	-	verbo intransitivo, transitivo
vr	-	verbo reflexivo
vt	-	verbo transitivo

CONCEITOS BÁSICOS

Conceitos básicos. Parte 1

1. Pronomes

eu	saya, aku	[saja], [aku]
tu	engkau, kamu	[eŋkau], [kamu]
ele, ela	beliau, dia, ia	[beliau], [dia], [ia]
nós	kami, kita	[kami], [kita]
vocês	kalian	[kalian]
você (sing.)	Anda	[anda]
você (pl)	Anda sekalian	[anda sekalian]
eles, elas	mereka	[mereka]

2. Cumprimentos. Saudações. Despedidas

Olá!	Halo!	[halo!]
Bom dia! (formal)	Halo!	[halo!]
Bom dia! (de manhã)	Selamat pagi!	[slamat pagi!]
Boa tarde!	Selamat siang!	[slamat siaŋ!]
Boa noite!	Selamat sore!	[slamat sore!]
cumprimentar (vt)	menyapa	[mənjapa]
Olá!	Hai!	[hey!]
saudação (f)	sambutan, salam	[sambutan], [salam]
saudar (vt)	menyambut	[mənjambut]
Como vai?	Apa kabar?	[apa kabar?]
O que há de novo?	Apa yang baru?	[apa yaŋ baru?]
Adeus! (formal)	Selamat tinggal!	[slamat tiŋgal!],
	Selamat jalan!	[slamat dʒʲalan!]
Até à vista! (informal)	Dadah!	[dadah!]
Até breve!	Sampai bertemu lagi!	[sampaj bərtemu lagi!]
Adeus! (sing.)	Sampai jumpa!	[sampaj dʒʲumpa!]
Adeus! (pl)	Selamat tinggal!	[slamat tiŋgal!]
despedir-se (vr)	berpamitan	[bərpamitan]
Até logo!	Sampai nanti!	[sampaj nanti!]
Obrigado! -a!	Terima kasih!	[tərima kasih!]
Muito obrigado! -a!	Terima kasih banyak!	[tərima kasih banjaʔ!]
De nada	Kembali! Sama-sama!	[kembali!], [sama-sama!]
Não tem de quê	Kembali!	[kembali!]
De nada	Kembali!	[kembali!]
Desculpa! -pe!	Maaf, ...	[maʔaf, ...]
desculpar (vt)	memaafkan	[memaʔafkan]

desculpar-se (vr)	meminta maaf	[meminta ma'af]
As minhas desculpas	Maafkan saya	[ma'afkan saja]
Desculpe!	Maaf!	[ma'af!]
perdoar (vt)	memaafkan	[mema'afkan]
Não faz mal	Tidak apa-apa!	[tida' apa-apa!]
por favor	tolong	[toloŋ]
Não se esqueça!	Jangan lupa!	[dʒʲaŋan lupa!]
Certamente! Claro!	Tentu!	[tentu!]
Claro que não!	Tentu tidak!	[tentu tida'!]
Está bem! De acordo!	Baiklah! Baik!	[bajklah!], [baj'!]
Basta!	Cukuplah!	[ʧukuplah!]

3. Como se dirigir a alguém

Desculpe (para chamar a atenção)	Maaf, ...	[ma'af, ...]
senhor	tuan	[tuan]
senhora	nyonya	[nenja]
rapariga	nona	[nona]
rapaz	nak	[na']
menino	nak, bocah	[nak], [boʧah]
menina	nak	[na']

4. Números cardinais. Parte 1

zero	nol	[nol]
um	satu	[satu]
dois	dua	[dua]
três	tiga	[tiga]
quatro	empat	[empat]
cinco	lima	[lima]
seis	enam	[enam]
sete	tujuh	[tudʒʲuh]
oito	delapan	[delapan]
nove	sembilan	[sembilan]
dez	sepuluh	[sepuluh]
onze	sebelas	[sebelas]
doze	dua belas	[dua belas]
treze	tiga belas	[tiga belas]
catorze	empat belas	[empat belas]
quinze	lima belas	[lima belas]
dezasseis	enam belas	[enam belas]
dezassete	tujuh belas	[tudʒʲuh belas]
dezoito	delapan belas	[delapan belas]
dezanove	sembilan belas	[sembilan belas]
vinte	dua puluh	[dua puluh]
vinte e um	dua puluh satu	[dua puluh satu]

vinte e dois	dua puluh dua	[dua puluh dua]
vinte e três	dua puluh tiga	[dua puluh tiga]
trinta	tiga puluh	[tiga puluh]
trinta e um	tiga puluh satu	[tiga puluh satu]
trinta e dois	tiga puluh dua	[tiga puluh dua]
trinta e três	tiga puluh tiga	[tiga puluh tiga]
quarenta	empat puluh	[empat puluh]
quarenta e um	empat puluh satu	[empat puluh satu]
quarenta e dois	empat puluh dua	[empat puluh dua]
quarenta e três	empat puluh tiga	[empat puluh tiga]
cinquenta	lima puluh	[lima puluh]
cinquenta e um	lima puluh satu	[lima puluh satu]
cinquenta e dois	lima puluh dua	[lima puluh dua]
cinquenta e três	lima puluh tiga	[lima puluh tiga]
sessenta	enam puluh	[enam puluh]
sessenta e um	enam puluh satu	[enam puluh satu]
sessenta e dois	enam puluh dua	[enam puluh dua]
sessenta e três	enam puluh tiga	[enam puluh tiga]
setenta	tujuh puluh	[tudʒʲuh puluh]
setenta e um	tujuh puluh satu	[tudʒʲuh puluh satu]
setenta e dois	tujuh puluh dua	[tudʒʲuh puluh dua]
setenta e três	tujuh puluh tiga	[tudʒʲuh puluh tiga]
oitenta	delapan puluh	[delapan puluh]
oitenta e um	delapan puluh satu	[delapan puluh satu]
oitenta e dois	delapan puluh dua	[delapan puluh dua]
oitenta e três	delapan puluh tiga	[delapan puluh tiga]
noventa	sembilan puluh	[sembilan puluh]
noventa e um	sembulan puluh satu	[sembulan puluh satu]
noventa e dois	sembilan puluh dua	[sembilan puluh dua]
noventa e três	sembilan puluh tiga	[sembilan puluh tiga]

5. Números cardinais. Parte 2

cem	seratus	[seratus]
duzentos	dua ratus	[dua ratus]
trezentos	tiga ratus	[tiga ratus]
quatrocentos	empat ratus	[empat ratus]
quinhentos	lima ratus	[lima ratus]
seiscentos	enam ratus	[enam ratus]
setecentos	tujuh ratus	[tudʒʲuh ratus]
oitocentos	delapan ratus	[delapan ratus]
novecentos	sembilan ratus	[sembilan ratus]
mil	seribu	[seribu]
dois mil	dua ribu	[dua ribu]
De quem são ...?	tiga ribu	[tiga ribu]

dez mil	**sepuluh ribu**	[sepuluh ribu]
cem mil	**seratus ribu**	[seratus ribu]
um milhão	**juta**	[dʒʲuta]
mil milhões	**miliar**	[miliar]

6. Números ordinais

primeiro	**pertama**	[pərtama]
segundo	**kedua**	[kedua]
terceiro	**ketiga**	[ketiga]
quarto	**keempat**	[keempat]
quinto	**kelima**	[kelima]
sexto	**keenam**	[keenam]
sétimo	**ketujuh**	[ketudʒʲuh]
oitavo	**kedelapan**	[kedelapan]
nono	**kesembilan**	[kesembilan]
décimo	**kesepuluh**	[kesepuluh]

7. Números. Frações

fração (f)	**pecahan**	[petʃahan]
um meio	**seperdua**	[seperdua]
um terço	**sepertiga**	[sepertiga]
um quarto	**seperempat**	[seperempat]
um oitavo	**seperdelapan**	[seperdelapan]
um décimo	**sepersepuluh**	[sepersepuluh]
dois terços	**dua pertiga**	[dua pərtiga]
três quartos	**tiga perempat**	[tiga pərempat]

8. Números. Operações básicas

subtração (f)	**pengurangan**	[peŋuraŋan]
subtrair (vi, vt)	**mengurangkan**	[məŋuraŋkan]
divisão (f)	**pembagian**	[pembagian]
dividir (vt)	**membagi**	[membagi]
adição (f)	**penambahan**	[penambahan]
somar (vt)	**menambahkan**	[mənambahkan]
adicionar (vt)	**menambahkan**	[mənambahkan]
multiplicação (f)	**pengalian**	[peŋalian]
multiplicar (vt)	**mengalikan**	[məŋalikan]

9. Números. Diversos

algarismo, dígito (m)	**angka**	[aŋka]
número (m)	**nomor**	[nomor]

numeral (m)	kata bilangan	[kata bilaŋan]
menos (m)	minus	[minus]
mais (m)	plus	[plus]
fórmula (f)	rumus	[rumus]
cálculo (m)	perhitungan	[pərhituŋan]
contar (vt)	menghitung	[məŋhituŋ]
calcular (vt)	menghitung	[məŋhituŋ]
comparar (vt)	membandingkan	[membandiŋkan]
Quanto, -os, -as?	Berapa?	[bərapa?]
soma (f)	jumlah	[dʒjumlah]
resultado (m)	hasil	[hasil]
resto (m)	sisa, baki	[sisa], [baki]
alguns, algumas ...	beberapa	[beberapa]
um pouco de ...	sedikit	[sedikit]
resto (m)	selebihnya, sisanya	[selebihnja], [sisanja]
um e meio	satu setengah	[satu seteŋah]
dúzia (f)	lusin	[lusin]
ao meio	dua bagian	[dua bagian]
em partes iguais	rata	[rata]
metade (f)	setengah	[seteŋah]
vez (f)	kali	[kali]

10. Os verbos mais importantes. Parte 1

abrir (vt)	membuka	[membuka]
acabar, terminar (vt)	mengakhiri	[məŋahiri]
aconselhar (vt)	menasihati	[mənasihati]
adivinhar (vt)	menerka	[mənerka]
advertir (vt)	memperingatkan	[memperiŋatkan]
ajudar (vt)	membantu	[membantu]
almoçar (vi)	makan siang	[makan siaŋ]
alugar (~ um apartamento)	menyewa	[mənjewa]
amar (vt)	mencintai	[mentʃintaj]
ameaçar (vt)	mengancam	[mənantʃam]
anotar (escrever)	mencatat	[mentʃatat]
apanhar (vt)	menangkap	[mənaŋkap]
apressar-se (vr)	tergesa-gesa	[tərgesa-gesa]
arrepender-se (vr)	menyesal	[mənjesal]
assinar (vt)	menandatangani	[mənandataŋani]
atirar, disparar (vi)	menembak	[mənembaʔ]
brincar (vi)	bergurau	[bərgurau]
brincar, jogar (crianças)	bermain	[bərmajn]
buscar (vt)	mencari ...	[mentʃari ...]
caçar (vi)	berburu	[bərburu]
cair (vi)	jatuh	[dʒjatuh]
cavar (vt)	menggali	[məŋgali]

cessar (vt)	menghentikan	[məŋhentikan]
chamar (~ por socorro)	memanggil	[memaŋgil]
chegar (vi)	datang	[dataŋ]
chorar (vi)	menangis	[mənaŋis]

começar (vt)	memulai, membuka	[memulaj], [membuka]
comparar (vt)	membandingkan	[membandiŋkan]
compreender (vt)	mengerti	[məŋerti]
concordar (vi)	setuju	[setudʒʲu]
confiar (vt)	mempercayai	[mempertʃajaj]

confundir (equivocar-se)	bingung membedakan	[biŋuŋ membedakan]
conhecer (vt)	kenal	[kenal]
contar (fazer contas)	menghitung	[məŋhituŋ]
contar com (esperar)	mengharapkan ...	[məŋharapkan ...]
continuar (vt)	meneruskan	[məneruskan]

controlar (vt)	mengontrol	[məŋontrol]
convidar (vt)	mengundang	[məŋundaŋ]
correr (vi)	lari	[lari]
criar (vt)	menciptakan	[məntʃiptakan]
custar (vt)	berharga	[bərharga]

11. Os verbos mais importantes. Parte 2

dar (vt)	memberi	[memberi]
dar uma dica	memberi petunjuk	[memberi petundʒʲuʔ]
decorar (enfeitar)	menghiasi	[məŋhiasi]
defender (vt)	membela	[membela]
deixar cair (vt)	tercecer	[tərtʃetʃer]

descer (para baixo)	turun	[turun]
desculpar (vt)	memaafkan	[mema'afkan]
desculpar-se (vr)	meminta maaf	[meminta ma'af]
dirigir (~ uma empresa)	memimpin	[memimpin]
discutir (notícias, etc.)	membicarakan	[membitʃarakan]
dizer (vt)	berkata	[bərkata]

duvidar (vt)	ragu-ragu	[ragu-ragu]
encontrar (achar)	menemukan	[mənemukan]
enganar (vt)	menipu	[mənipu]
entrar (na sala, etc.)	masuk, memasuki	[masuk], [memasuki]
enviar (uma carta)	mengirim	[məŋirim]

errar (equivocar-se)	salah	[salah]
escolher (vt)	memilih	[memilih]
esconder (vt)	menyembunyikan	[mənjembunjikan]
escrever (vt)	menulis	[mənulis]
esperar (o autocarro, etc.)	menunggu	[mənuŋgu]

esperar (ter esperança)	berharap	[bərharap]
esquecer (vt)	melupakan	[melupakan]
estar (vi)	sedang	[sedaŋ]
estudar (vt)	mempelajari	[mempeladʒʲari]

exigir (vt)	menuntut	[mənuntut]
existir (vi)	ada	[ada]
explicar (vt)	menjelaskan	[məndʒʲelaskan]
falar (vi)	berbicara	[bərbitʃara]
faltar (clases, etc.)	absen	[absen]
fazer (vt)	membuat	[membuat]
ficar em silêncio	diam	[diam]
gabar-se, jactar-se (vr)	membual	[membual]
gostar (apreciar)	suka	[suka]
gritar (vi)	berteriak	[bərteriaʔ]
guardar (cartas, etc.)	menyimpan	[mənjimpan]
informar (vt)	menginformasikan	[məŋinformasikan]
insistir (vi)	mendesak	[mendesaʔ]
insultar (vt)	menghina	[məŋhina]
interessar-se (vr)	menaruh minat pada ...	[mənaruh minat pada ...]
ir (a pé)	berjalan	[bərdʒʲalan]
ir nadar	berenang	[bərenaŋ]
jantar (vi)	makan malam	[makan malam]

12. Os verbos mais importantes. Parte 3

ler (vt)	membaca	[membatʃa]
libertar (cidade, etc.)	membebaskan	[membebaskan]
matar (vt)	membunuh	[membunuh]
mencionar (vt)	menyebut	[mənjebut]
mostrar (vt)	menunjukkan	[mənundʒʲuʔkan]
mudar (modificar)	mengubah	[məŋubah]
nadar (vi)	berenang	[bərenaŋ]
negar-se a ...	menolak	[mənolaʔ]
objetar (vt)	keberatan	[keberatan]
observar (vt)	mengamati	[məŋamati]
ordenar (mil.)	memerintahkan	[memerintahkan]
ouvir (vt)	mendengar	[məndeŋar]
pagar (vt)	membayar	[membajar]
parar (vi)	berhenti	[bərhenti]
participar (vi)	turut serta	[turut serta]
pedir (comida)	memesan	[memesan]
pedir (um favor, etc.)	meminta	[meminta]
pegar (tomar)	mengambil	[məŋambil]
pensar (vt)	berpikir	[bərpikir]
perceber (ver)	memperhatikan	[memperhatikan]
perdoar (vt)	memaafkan	[memaʔafkan]
perguntar (vt)	bertanya	[bərtanja]
permitir (vt)	mengizinkan	[məŋizinkan]
pertencer a ...	kepunyaan ...	[kepunjaʔan ...]
planear (vt)	merencanakan	[merentʃanakan]
poder (vi)	bisa	[bisa]

possuir (vt)	memiliki	[memiliki]
preferir (vt)	lebih suka	[lebih suka]
preparar (vt)	memasak	[memasaʔ]
prever (vt)	menduga	[mənduga]
prometer (vt)	berjanji	[bərdʒˈandʒi]
pronunciar (vt)	melafalkan	[melafalkan]
propor (vt)	mengusulkan	[məŋusulkan]
punir (castigar)	menghukum	[məŋhukum]

13. Os verbos mais importantes. Parte 4

quebrar (vt)	memecahkan	[memetʃahkan]
queixar-se (vr)	mengeluh	[məŋeluh]
querer (desejar)	mau, ingin	[mau], [iŋin]
recomendar (vt)	merekomendasi	[merekomendasi]
repetir (dizer outra vez)	mengulangi	[məŋulaŋi]
repreender (vt)	memarahi, menegur	[memarahi], [menegur]
reservar (~ um quarto)	memesan	[memesan]
responder (vt)	menjawab	[məndʒˈawab]
rezar, orar (vi)	bersembahyang, berdoa	[bərsembahjaŋ], [bərdoa]
rir (vi)	tertawa	[tərtawa]
roubar (vt)	mencuri	[məntʃuri]
saber (vt)	tahu	[tahu]
sair (~ de casa)	keluar	[keluar]
salvar (vt)	menyelamatkan	[mənjelamatkan]
seguir ...	mengikuti ...	[məŋikuti ...]
sentar-se (vr)	duduk	[duduʔ]
ser (vi)	ialah, adalah	[ialah], [adalah]
ser necessário	dibutuhkan	[dibutuhkan]
sorrir (vi)	tersenyum	[tərsenyum]
subestimar (vt)	meremehkan	[meremehkan]
surpreender-se (vr)	heran	[heran]
tentar (vt)	mencoba	[məntʃoba]
ter (vt)	mempunyai	[mempunjaj]
ter fome	lapar	[lapar]
ter medo	takut	[takut]
ter sede	haus	[haus]
tocar (com as mãos)	menyentuh	[mənjentuh]
tomar o pequeno-almoço	sarapan	[sarapan]
trabalhar (vi)	bekerja	[bekerdʒˈa]
traduzir (vt)	menerjemahkan	[mənerdʒˈemahkan]
unir (vt)	menyatukan	[mənjatukan]
vender (vt)	menjual	[məndʒˈual]
ver (vt)	melihat	[melihat]
virar (ex. ~ à direita)	membelok	[membeloʔ]
voar (vi)	terbang	[tərbaŋ]

14. Cores

cor (f)	warna	[warna]
matiz (m)	nuansa	[nuansa]
tom (m)	warna	[warna]
arco-íris (m)	pelangi	[pelaɲi]
branco	putih	[putih]
preto	hitam	[hitam]
cinzento	kelabu	[kelabu]
verde	hijau	[hidʒiau]
amarelo	kuning	[kuniŋ]
vermelho	merah	[merah]
azul	biru	[biru]
azul claro	biru muda	[biru muda]
rosa	pink	[pin']
laranja	oranye, jingga	[oranje], [dʒiŋga]
violeta	violet, ungu muda	[violet], [uŋu muda]
castanho	cokelat	[tʃokelat]
dourado	keemasan	[keemasan]
prateado	keperakan	[keperakan]
bege	abu-abu kecokelatan	[abu-abu ketʃokelatan]
creme	krem	[krem]
turquesa	pirus	[pirus]
vermelho cereja	merah tua	[merah tua]
lilás	ungu	[uŋu]
carmesim	merah lembayung	[merah lembajuŋ]
claro	terang	[teraŋ]
escuro	gelap	[gelap]
vivo	terang	[teraŋ]
de cor	berwarna	[bərwarna]
a cores	warna	[warna]
preto e branco	hitam-putih	[hitam-putih]
unicolor	polos, satu warna	[polos], [satu warna]
multicor	berwarna-warni	[bərwarna-warni]

15. Questões

Quem?	Siapa?	[siapa?]
Que?	Apa?	[apa?]
Onde?	Di mana?	[di mana?]
Para onde?	Ke mana?	[ke mana?]
De onde?	Dari mana?	[dari mana?]
Quando?	Kapan?	[kapan?]
Para quê?	Mengapa?	[məŋapa?]
Porquê?	Mengapa?	[məŋapa?]
Para quê?	Untuk apa?	[untu' apa?]

Como?	Bagaimana?	[bagajmana?]
Qual?	Apa? Yang mana?	[apa?], [yaŋ mana?]
Qual? (entre dois ou mais)	Yang mana?	[yaŋ mana?]

A quem?	Kepada siapa?	[kepada siapa?],
	Untuk siapa?	[untuʾ siapa?]
Sobre quem?	Tentang siapa?	[tentaŋ siapa?]
Do quê?	Tentang apa?	[tentaŋ apa?]
Com quem?	Dengan siapa?	[deŋan siapa?]

| Quanto, -os, -as? | Berapa? | [bərapa?] |
| De quem? | Milik siapa? | [miliʾ siapa?] |

16. Preposições

com (prep.)	dengan	[deŋan]
sem (prep.)	tanpa	[tanpa]
a, para (exprime lugar)	ke	[ke]
sobre (ex. falar ~)	tentang ...	[tentaŋ ...]
antes de ...	sebelum	[sebelum]
diante de ...	di depan ...	[di depan ...]

sob (debaixo de)	di bawah	[di bawah]
sobre (em cima de)	di atas	[di atas]
sobre (~ a mesa)	di atas	[di atas]
de (vir ~ Lisboa)	dari	[dari]
de (feito ~ pedra)	dari	[dari]

| dentro de (~ dez minutos) | dalam | [dalam] |
| por cima de ... | melalui | [melalui] |

17. Palavras funcionais. Advérbios. Parte 1

Onde?	Di mana?	[di mana?]
aqui	di sini	[di sini]
lá, ali	di sana	[di sana]

| em algum lugar | di suatu tempat | [di suatu tempat] |
| em lugar nenhum | tak ada di mana pun | [taʾ ada di mana pun] |

| ao pé de ... | dekat | [dekat] |
| ao pé da janela | dekat jendela | [dekat d‍ʒʲendela] |

Para onde?	Ke mana?	[ke mana?]
para cá	ke sini	[ke sini]
para lá	ke sana	[ke sana]
daqui	dari sini	[dari sini]
de lá, dali	dari sana	[dari sana]

perto	dekat	[dekat]
longe	jauh	[dʒʲauh]
perto de ...	dekat	[dekat]

ao lado de	dekat	[dekat]
perto, não fica longe	tidak jauh	[tidaʔ dʒʲauh]
esquerdo	kiri	[kiri]
à esquerda	di kiri	[di kiri]
para esquerda	ke kiri	[ke kiri]
direito	kanan	[kanan]
à direita	di kanan	[di kanan]
para direita	ke kanan	[ke kanan]
à frente	di depan	[di depan]
da frente	depan	[depan]
em frente (para a frente)	ke depan	[ke depan]
atrás de ...	di belakang	[di belakaŋ]
por detrás (vir ~)	dari belakang	[dari belakaŋ]
para trás	mundur	[mundur]
meio (m), metade (f)	tengah	[teŋah]
no meio	di tengah	[di teŋah]
de lado	di sisi, di samping	[di sisi], [di sampiŋ]
em todo lugar	di mana-mana	[di mana-mana]
ao redor (olhar ~)	di sekitar	[di sekitar]
de dentro	dari dalam	[dari dalam]
para algum lugar	ke suatu tempat	[ke suatu tempat]
diretamente	terus	[terus]
de volta	kembali	[kembali]
de algum lugar	dari mana pun	[dari mana pun]
de um lugar	dari suatu tempat	[dari suatu tempat]
em primeiro lugar	pertama	[pərtama]
em segundo lugar	kedua	[kedua]
em terceiro lugar	ketiga	[ketiga]
de repente	tiba-tiba	[tiba-tiba]
no início	mula-mula	[mula-mula]
pela primeira vez	untuk pertama kalinya	[untuʔ pərtama kalinja]
muito antes de ...	jauh sebelum ...	[dʒʲauh sebelum ...]
de novo, novamente	kembali	[kembali]
para sempre	untuk selama-lamanya	[untuʔ selama-lamanja]
nunca	tidak pernah	[tidaʔ pərnah]
de novo	lagi, kembali	[lagi], [kembali]
agora	sekarang	[sekaraŋ]
frequentemente	sering, seringkali	[seriŋ], [seriŋkali]
então	ketika itu	[ketika itu]
urgentemente	segera	[segera]
usualmente	biasanya	[biasanja]
a propósito, ...	ngomong-ngomong ...	[ŋomoŋ-ŋomoŋ ...]
é possível	mungkin	[muŋkin]
provavelmente	mungkin	[muŋkin]

talvez	mungkin	[muŋkin]
além disso, ...	selain itu ...	[selajn itu ...]
por isso ...	karena itu ...	[karena itu ...]
apesar de ...	meskipun ...	[meskipun ...]
graças a ...	berkat ...	[berkat ...]
que (pron.)	apa	[apa]
que (conj.)	bahwa	[bahwa]
algo	sesuatu	[sesuatu]
alguma coisa	sesuatu	[sesuatu]
nada	tidak sesuatu pun	[tidaʔ sesuatu pun]
quem	siapa	[siapa]
alguém (~ teve uma ideia ...)	seseorang	[seseoraŋ]
alguém	seseorang	[seseoraŋ]
ninguém	tidak seorang pun	[tidaʔ seoraŋ pun]
para lugar nenhum	tidak ke mana pun	[tidaʔ ke mana pun]
de ninguém	tidak milik siapa pun	[tidaʔ miliʔ siapa pun]
de alguém	milik seseorang	[miliʔ seseoraŋ]
tão	sangat	[saŋat]
também (gostaria ~ de ...)	juga	[dʒ'uga]
também (~ eu)	juga	[dʒ'uga]

18. Palavras funcionais. Advérbios. Parte 2

Porquê?	Mengapa?	[məŋapa?]
por alguma razão	entah mengapa	[entah məŋapa]
porque ...	karena ...	[karena ...]
por qualquer razão	untuk tujuan tertentu	[untuʔ tudʒ'uan tərtentu]
e (tu ~ eu)	dan	[dan]
ou (ser ~ não ser)	atau	[atau]
mas (porém)	tetapi, namun	[tetapi], [namun]
para (~ a minha mãe)	untuk	[untuʔ]
demasiado, muito	terlalu	[tərlalu]
só, somente	hanya	[hanja]
exatamente	tepat	[tepat]
cerca de (~ 10 kg)	sekitar	[sekitar]
aproximadamente	kira-kira	[kira-kira]
aproximado	kira-kira	[kira-kira]
quase	hampir	[hampir]
resto (m)	selebihnya, sisanya	[selebihnja], [sisanja]
o outro (segundo)	kedua	[kedua]
outro	lain	[lain]
cada	setiap	[setiap]
qualquer	sebarang	[sebaraŋ]
muito	banyak	[banjaʔ]
muitas pessoas	banyak orang	[banjaʔ oraŋ]
todos	semua	[semua]

em troca de …	sebagai ganti …	[sebagaj ganti …]
em troca	sebagai gantinya	[sebagaj gantinja]
à mão	dengan tangan	[deŋan taŋan]
pouco provável	hampir tidak	[hampir tidaʔ]
provavelmente	mungkin	[muŋkin]
de propósito	sengaja	[seŋadʒʲa]
por acidente	tidak sengaja	[tidaʔ seŋadʒʲa]
muito	sangat	[saŋat]
por exemplo	misalnya	[misalnja]
entre	antara	[antara]
entre (no meio de)	di antara	[di antara]
tanto	banyak sekali	[banjaʔ sekali]
especialmente	terutama	[tərutama]

Conceitos básicos. Parte 2

19. Dias da semana

segunda-feira (f)	Hari Senin	[hari senin]
terça-feira (f)	Hari Selasa	[hari selasa]
quarta-feira (f)	Hari Rabu	[hari rabu]
quinta-feira (f)	Hari Kamis	[hari kamis]
sexta-feira (f)	Hari Jumat	[hari dʒʲumat]
sábado (m)	Hari Sabtu	[hari sabtu]
domingo (m)	Hari Minggu	[hari miŋgu]
hoje	hari ini	[hari ini]
amanhã	besok	[beso']
depois de amanhã	besok lusa	[beso' lusa]
ontem	kemarin	[kemarin]
anteontem	kemarin dulu	[kemarin dulu]
dia (m)	hari	[hari]
dia (m) de trabalho	hari kerja	[hari kerdʒʲa]
feriado (m)	hari libur	[hari libur]
dia (m) de folga	hari libur	[hari libur]
fim (m) de semana	akhir pekan	[ahir pekan]
o dia todo	seharian	[seharian]
no dia seguinte	hari berikutnya	[hari bərikutnja]
há dois dias	dua hari lalu	[dua hari lalu]
na véspera	hari sebelumnya	[hari sebelumnja]
diário	harian	[harian]
todos os dias	tiap hari	[tiap hari]
semana (f)	minggu	[miŋgu]
na semana passada	minggu lalu	[miŋgu lalu]
na próxima semana	minggu berikutnya	[miŋgu bərikutnja]
semanal	mingguan	[miŋguan]
cada semana	tiap minggu	[tiap miŋgu]
duas vezes por semana	dua kali seminggu	[dua kali semiŋgu]
cada terça-feira	tiap Hari Selasa	[tiap hari selasa]

20. Horas. Dia e noite

manhã (f)	pagi	[pagi]
de manhã	pada pagi hari	[pada pagi hari]
meio-dia (m)	tengah hari	[teŋah hari]
à tarde	pada sore hari	[pada sore hari]
noite (f)	sore, malam	[sore], [malam]
à noite (noitinha)	waktu sore	[waktu sore]

noite (f)	malam	[malam]
à noite	pada malam hari	[pada malam hari]
meia-noite (f)	tengah malam	[teŋah malam]

segundo (m)	detik	[detiʔ]
minuto (m)	menit	[menit]
hora (f)	jam	[dʒʲam]
meia hora (f)	setengah jam	[setəŋah dʒʲam]
quarto (m) de hora	seperempat jam	[seperempat dʒʲam]
quinze minutos	lima belas menit	[lima belas menit]
vinte e quatro horas	siang-malam	[siaŋ-malam]

nascer (m) do sol	matahari terbit	[matahari tərbit]
amanhecer (m)	subuh	[subuh]
madrugada (f)	dini pagi	[dini pagi]
pôr do sol (m)	matahari terbenam	[matahari tərbenam]

de madrugada	pagi-pagi	[pagi-pagi]
hoje de manhã	pagi ini	[pagi ini]
amanhã de manhã	besok pagi	[besoʔ pagi]

hoje à tarde	sore ini	[sore ini]
à tarde	pada sore hari	[pada sore hari]
amanhã à tarde	besok sore	[besoʔ sore]

hoje à noite	sore ini	[sore ini]
amanhã à noite	besok malam	[besoʔ malam]

às três horas em ponto	pukul 3 tepat	[pukul tiga tepat]
por volta das quatro	sekitar pukul 4	[sekitar pukul empat]
às doze	pada pukul 12	[pada pukul belas]

dentro de vinte minutos	dalam 20 menit	[dalam dua puluh menit]
dentro duma hora	dalam satu jam	[dalam satu dʒʲam]
a tempo	tepat waktu	[tepat waktu]

menos um quarto	… kurang seperempat	[… kuraŋ seperempat]
durante uma hora	selama sejam	[selama sedʒʲam]
a cada quinze minutos	tiap 15 menit	[tiap lima belas menit]
as vinte e quatro horas	siang-malam	[siaŋ-malam]

21. Meses. Estações

janeiro (m)	Januari	[dʒʲanuari]
fevereiro (m)	Februari	[februari]
março (m)	Maret	[maret]
abril (m)	April	[april]
maio (m)	Mei	[mei]
junho (m)	Juni	[dʒʲuni]
julho (m)	Juli	[dʒʲuli]
agosto (m)	Augustus	[augustus]
setembro (m)	September	[september]
outubro (m)	Oktober	[oktober]

novembro (m)	**November**	[november]
dezembro (m)	**Desember**	[desember]
primavera (f)	**musim semi**	[musim semi]
na primavera	**pada musim semi**	[pada musim semi]
primaveril	**musim semi**	[musim semi]
verão (m)	**musim panas**	[musim panas]
no verão	**pada musim panas**	[pada musim panas]
de verão	**musim panas**	[musim panas]
outono (m)	**musim gugur**	[musim gugur]
no outono	**pada musim gugur**	[pada musim gugur]
outonal	**musim gugur**	[musim gugur]
inverno (m)	**musim dingin**	[musim diŋin]
no inverno	**pada musim dingin**	[pada musim diŋin]
de inverno	**musim dingin**	[musim diŋin]
mês (m)	**bulan**	[bulan]
este mês	**bulan ini**	[bulan ini]
no próximo mês	**bulan depan**	[bulan depan]
no mês passado	**bulan lalu**	[bulan lalu]
há um mês	**sebulan lalu**	[sebulan lalu]
dentro de um mês	**dalam satu bulan**	[dalam satu bulan]
dentro de dois meses	**dalam 2 bulan**	[dalam dua bulan]
todo o mês	**sepanjang bulan**	[sepandʒʲaŋ bulan]
um mês inteiro	**sebulan penuh**	[sebulan penuh]
mensal	**bulanan**	[bulanan]
mensalmente	**tiap bulan**	[tiap bulan]
cada mês	**tiap bulan**	[tiap bulan]
duas vezes por mês	**dua kali sebulan**	[dua kali sebulan]
ano (m)	**tahun**	[tahun]
este ano	**tahun ini**	[tahun ini]
no próximo ano	**tahun depan**	[tahun depan]
no ano passado	**tahun lalu**	[tahun lalu]
há um ano	**setahun lalu**	[setahun lalu]
dentro dum ano	**dalam satu tahun**	[dalam satu tahun]
dentro de 2 anos	**dalam 2 tahun**	[dalam dua tahun]
todo o ano	**sepanjang tahun**	[sepandʒʲaŋ tahun]
um ano inteiro	**setahun penuh**	[setahun penuh]
cada ano	**tiap tahun**	[tiap tahun]
anual	**tahunan**	[tahunan]
anualmente	**tiap tahun**	[tiap tahun]
quatro vezes por ano	**empat kali setahun**	[empat kali setahun]
data (~ de hoje)	**tanggal**	[taŋgal]
data (ex. ~ de nascimento)	**tanggal**	[taŋgal]
calendário (m)	**kalender**	[kalender]
meio ano	**setengah tahun**	[seteŋah tahun]
seis meses	**enam bulan**	[enam bulan]

| estação (f) | musim | [musim] |
| século (m) | abad | [abad] |

22. Unidades de medida

peso (m)	berat	[berat]
comprimento (m)	panjang	[pandʒʲaŋ]
largura (f)	lebar	[lebar]
altura (f)	ketinggian	[ketiŋgian]
profundidade (f)	kedalaman	[kedalaman]
volume (m)	volume, isi	[volume], [isi]
área (f)	luas	[luas]

grama (m)	gram	[gram]
miligrama (m)	miligram	[miligram]
quilograma (m)	kilogram	[kilogram]
tonelada (f)	ton	[ton]
libra (453,6 gramas)	pon	[pon]
onça (f)	ons	[ons]

metro (m)	meter	[meter]
milímetro (m)	milimeter	[milimeter]
centímetro (m)	sentimeter	[sentimeter]
quilómetro (m)	kilometer	[kilometer]
milha (f)	mil	[mil]

polegada (f)	inci	[intʃi]
pé (304,74 mm)	kaki	[kaki]
jarda (914,383 mm)	yard	[yard]

| metro (m) quadrado | meter persegi | [meter pərsegi] |
| hectare (m) | hektar | [hektar] |

litro (m)	liter	[liter]
grau (m)	derajat	[deradʒʲat]
volt (m)	volt	[volt]
ampere (m)	ampere	[ampere]
cavalo-vapor (m)	tenaga kuda	[tenaga kuda]

quantidade (f)	kuantitas	[kuantitas]
um pouco de ...	sedikit ...	[sedikit ...]
metade (f)	setengah	[setəŋah]

| dúzia (f) | lusin | [lusin] |
| peça (f) | buah | [buah] |

| dimensão (f) | ukuran | [ukuran] |
| escala (f) | skala | [skala] |

mínimo	minimal	[minimal]
menor, mais pequeno	terkecil	[tərketʃil]
médio	sedang	[sedaŋ]
máximo	maksimal	[maksimal]
maior, mais grande	terbesar	[tərbesar]

23. Recipientes

boião (m) de vidro	gelas	[gelas]
lata (~ de cerveja)	kaleng	[kaleŋ]
balde (m)	ember	[ember]
barril (m)	tong	[toŋ]
bacia (~ de plástico)	baskom	[baskom]
tanque (m)	tangki	[taŋki]
cantil (m) de bolso	pelples	[pelples]
bidão (m) de gasolina	jeriken	[dʒʲeriken]
cisterna (f)	tangki	[taŋki]
caneca (f)	mangkuk	[maŋkuʔ]
chávena (f)	cangkir	[tʃaŋkir]
pires (m)	alas cangkir	[alas tʃaŋkir]
copo (m)	gelas	[gelas]
taça (f) de vinho	gelas anggur	[gelas aŋgur]
panela, caçarola (f)	panci	[pantʃi]
garrafa (f)	botol	[botol]
gargalo (m)	leher	[leher]
jarro, garrafa (f)	karaf	[karaf]
jarro (m) de barro	kendi	[kendi]
recipiente (m)	wadah	[wadah]
pote (m)	pot	[pot]
vaso (m)	vas	[vas]
frasco (~ de perfume)	botol	[botol]
frasquinho (ex. ~ de iodo)	botol kecil	[botol ketʃil]
tubo (~ de pasta dentífrica)	tabung	[tabuŋ]
saca (ex. ~ de açúcar)	karung	[karuŋ]
saco (~ de plástico)	kantong	[kantoŋ]
maço (m)	bungkus	[buŋkus]
caixa (~ de sapatos, etc.)	kotak, kardus	[kotak], [kardus]
caixa (~ de madeira)	kotak	[kotaʔ]
cesta (f)	bakul	[bakul]

O SER HUMANO

O ser humano. O corpo

24. Cabeça

cabeça (f)	kepala	[kepala]
cara (f)	wajah	[wadʒiah]
nariz (m)	hidung	[hiduŋ]
boca (f)	mulut	[mulut]
olho (m)	mata	[mata]
olhos (m pl)	mata	[mata]
pupila (f)	pupil, biji mata	[pupil], [bidʒi mata]
sobrancelha (f)	alis	[alis]
pestana (f)	bulu mata	[bulu mata]
pálpebra (f)	kelopak mata	[kelopaʔ mata]
língua (f)	lidah	[lidah]
dente (m)	gigi	[gigi]
lábios (m pl)	bibir	[bibir]
maçãs (f pl) do rosto	tulang pipi	[tulaŋ pipi]
gengiva (f)	gusi	[gusi]
palato (m)	langit-langit mulut	[laŋit-laŋit mulut]
narinas (f pl)	lubang hidung	[lubaŋ hiduŋ]
queixo (m)	dagu	[dagu]
mandíbula (f)	rahang	[rahaŋ]
bochecha (f)	pipi	[pipi]
testa (f)	dahi	[dahi]
têmpora (f)	pelipis	[pelipis]
orelha (f)	telinga	[teliŋa]
nuca (f)	tengkuk	[teŋkuʔ]
pescoço (m)	leher	[leher]
garganta (f)	tenggorok	[teŋgoroʔ]
cabelos (m pl)	rambut	[rambut]
penteado (m)	tatanan rambut	[tatanan rambut]
corte (m) de cabelo	potongan rambut	[potoŋan rambut]
peruca (f)	wig, rambut palsu	[wig], [rambut palsu]
bigode (m)	kumis	[kumis]
barba (f)	janggut	[dʒiaŋgut]
usar, ter (~ barba, etc.)	memelihara	[memelihara]
trança (f)	kepang	[kepaŋ]
suíças (f pl)	brewok	[brewoʔ]
ruivo	merah pirang	[merah piraŋ]
grisalho	beruban	[bəruban]

calvo	botak, plontos	[botak], [plontos]
calva (f)	botak	[botaʔ]
rabo-de-cavalo (m)	ekor kuda	[ekor kuda]
franja (f)	poni rambut	[poni rambut]

25. Corpo humano

| mão (f) | tangan | [taŋan] |
| braço (m) | lengan | [leŋan] |

dedo (m)	jari	[dʒʲari]
dedo (m) do pé	jari	[dʒʲari]
polegar (m)	jempol	[dʒʲempol]
dedo (m) mindinho	jari kelingking	[dʒʲari keliŋkiŋ]
unha (f)	kuku	[kuku]

punho (m)	kepalan tangan	[kepalan taŋan]
palma (f) da mão	telapak	[telapaʔ]
pulso (m)	pergelangan	[pərgelaŋan]
antebraço (m)	lengan bawah	[leŋan bawah]
cotovelo (m)	siku	[siku]
ombro (m)	bahu	[bahu]

perna (f)	kaki	[kaki]
pé (m)	telapak kaki	[telapaʔ kaki]
joelho (m)	lutut	[lutut]
barriga (f) da perna	betis	[betis]
anca (f)	paha	[paha]
calcanhar (m)	tumit	[tumit]

corpo (m)	tubuh	[tubuh]
barriga (f)	perut	[perut]
peito (m)	dada	[dada]
seio (m)	payudara	[pajudara]
lado (m)	rusuk	[rusuʔ]
costas (f pl)	punggung	[puŋguŋ]
região (f) lombar	pinggang bawah	[piŋgaŋ bawah]
cintura (f)	pinggang	[piŋgaŋ]

umbigo (m)	pusar	[pusar]
nádegas (f pl)	pantat	[pantat]
traseiro (m)	pantat	[pantat]

sinal (m)	tanda lahir	[tanda lahir]
sinal (m) de nascença	tanda lahir	[tanda lahir]
tatuagem (f)	tato	[tato]
cicatriz (f)	parut luka	[parut luka]

Vestuário & Acessórios

26. Roupa exterior. Casacos

roupa (f)	pakaian	[pakajan]
roupa (f) exterior	pakaian luar	[pakajan luar]
roupa (f) de inverno	pakaian musim dingin	[pakajan muˈsim diŋin]
sobretudo (m)	mantel	[mantel]
casaco (m) de peles	mantel bulu	[mantel bulu]
casaco curto (m) de peles	jaket bulu	[dʒʲaket bulu]
casaco (m) acolchoado	jaket bulu halus	[dʒʲaket bulu halus]
casaco, blusão (m)	jaket	[dʒʲaket]
impermeável (m)	jas hujan	[dʒʲas hudʒʲan]
impermeável	kedap air	[kedap air]

27. Vestuário de homem & mulher

camisa (f)	kemeja	[kemedʒʲa]
calças (f pl)	celana	[tʃelana]
calças (f pl) de ganga	celana jins	[tʃelana dʒins]
casaco (m) de fato	jas	[dʒʲas]
fato (m)	setelan	[setelan]
vestido (ex. ~ vermelho)	gaun	[gaun]
saia (f)	rok	[roʔ]
blusa (f)	blus	[blus]
casaco (m) de malha	jaket wol	[dʒʲaket wol]
casaco, blazer (m)	jaket	[dʒʲaket]
T-shirt, camiseta (f)	baju kaus	[badʒʲu kaus]
calções (Bermudas, etc.)	celana pendek	[tʃelana pendeʔ]
fato (m) de treino	pakaian olahraga	[pakajan olahraga]
roupão (m) de banho	jubah mandi	[dʒʲubah mandi]
pijama (m)	piyama	[piyama]
suéter (m)	sweter	[sweter]
pulôver (m)	pulover	[pulover]
colete (m)	rompi	[rompi]
fraque (m)	jas berbuntut	[dʒʲas bərbuntut]
smoking (m)	jas malam	[dʒʲas malam]
uniforme (m)	seragam	[seragam]
roupa (f) de trabalho	pakaian kerja	[pakajan kerdʒʲa]
fato-macaco (m)	baju monyet	[badʒʲu monjet]
bata (~ branca, etc.)	jas	[dʒʲas]

28. Vestuário. Roupa interior

roupa (f) interior	pakaian dalam	[pakajan dalam]
cuecas boxer (f pl)	celana dalam lelaki	[tʃelana dalam lelaki]
cuecas (f pl)	celana dalam wanita	[tʃelana dalam wanita]
camisola (f) interior	singlet	[siŋlet]
peúgas (f pl)	kaus kaki	[kaus kaki]
camisa (f) de noite	baju tidur	[badʒʲu tidur]
sutiã (m)	beha	[beha]
meias longas (f pl)	kaus kaki selutut	[kaus kaki selutut]
meia-calça (f)	pantihos	[pantihos]
meias (f pl)	kaus kaki panjang	[kaus kaki pandʒʲaŋ]
fato (m) de banho	baju renang	[badʒʲu renaŋ]

29. Adereços de cabeça

chapéu (m)	topi	[topi]
chapéu (m) de feltro	topi bulat	[topi bulat]
boné (m) de beisebol	topi bisbol	[topi bisbol]
boné (m)	topi pet	[topi pet]
boina (f)	baret	[baret]
capuz (m)	kerudung kepala	[keruduŋ kepala]
panamá (m)	topi panama	[topi panama]
gorro (m) de malha	topi rajut	[topi radʒʲut]
lenço (m)	tudung kepala	[tuduŋ kepala]
chapéu (m) de mulher	topi wanita	[topi wanita]
capacete (m) de proteção	topi baja	[topi badʒʲa]
bibico (m)	topi lipat	[topi lipat]
capacete (m)	helm	[helm]
chapéu-coco (m)	topi bulat	[topi bulat]
chapéu (m) alto	topi tinggi	[topi tiŋgi]

30. Calçado

calçado (m)	sepatu	[sepatu]
botinas (f pl)	sepatu bot	[sepatu bot]
sapatos (de salto alto, etc.)	sepatu wanita	[sepatu wanita]
botas (f pl)	sepatu lars	[sepatu lars]
pantufas (f pl)	pantofel	[pantofel]
ténis (m pl)	sepatu tenis	[sepatu tenis]
sapatilhas (f pl)	sepatu kets	[sepatu kets]
sandálias (f pl)	sandal	[sandal]
sapateiro (m)	tukang sepatu	[tukaŋ sepatu]
salto (m)	tumit	[tumit]

par (m)	sepasang	[sepasaŋ]
atacador (m)	tali sepatu	[tali sepatu]
apertar os atacadores	mengikat tali	[məŋikat tali]
calçadeira (f)	sendok sepatu	[sendo' sepatu]
graxa (f) para calçado	semir sepatu	[semir sepatu]

31. Acessórios pessoais

luvas (f pl)	sarung tangan	[saruŋ taŋan]
mitenes (f pl)	sarung tangan	[saruŋ taŋan]
cachecol (m)	selendang	[selendaŋ]
óculos (m pl)	kacamata	[katʃamata]
armação (f) de óculos	bingkai	[biŋkaj]
guarda-chuva (m)	payung	[pajuŋ]
bengala (f)	tongkat jalan	[toŋkat dʒˈalan]
escova (f) para o cabelo	sikat rambut	[sikat rambut]
leque (m)	kipas	[kipas]
gravata (f)	dasi	[dasi]
gravata-borboleta (f)	dasi kupu-kupu	[dasi kupu-kupu]
suspensórios (m pl)	bretel	[bretel]
lenço (m)	sapu tangan	[sapu taŋan]
pente (m)	sisir	[sisir]
travessão (m)	jepit rambut	[dʒˈepit rambut]
gancho (m) de cabelo	harnal	[harnal]
fivela (f)	gesper	[gesper]
cinto (m)	sabuk	[sabuʔ]
correia (f)	tali tas	[tali tas]
mala (f)	tas	[tas]
mala (f) de senhora	tas tangan	[tas taŋan]
mochila (f)	ransel	[ransel]

32. Vestuário. Diversos

moda (f)	mode	[mode]
na moda	modis	[modis]
estilista (m)	perancang busana	[pərantʃaŋ busana]
colarinho (m), gola (f)	kerah	[kerah]
bolso (m)	saku	[saku]
de bolso	saku	[saku]
manga (f)	lengan	[leŋan]
alcinha (f)	tali kait	[tali kait]
braguilha (f)	golbi	[golbi]
fecho (m) de correr	ritsleting	[ritsletiŋ]
fecho (m), colchete (m)	kancing	[kantʃiŋ]
botão (m)	kancing	[kantʃiŋ]

casa (f) de botão	lubang kancing	[lubaŋ kantʃiŋ]
soltar-se (vr)	terlepas	[tərlepas]
coser, costurar (vi)	menjahit	[məndʒʲahit]
bordar (vt)	membordir	[membordir]
bordado (m)	bordiran	[bordiran]
agulha (f)	jarum	[dʒʲarum]
fio (m)	benang	[benaŋ]
costura (f)	setik	[setiʔ]
sujar-se (vr)	kena kotor	[kena kotor]
mancha (f)	bercak	[bertʃaʔ]
engelhar-se (vr)	kumal	[kumal]
rasgar (vt)	merobek	[merobeʔ]
traça (f)	ngengat	[ŋeŋat]

33. Cuidados pessoais. Cosméticos

pasta (f) de dentes	pasta gigi	[pasta gigi]
escova (f) de dentes	sikat gigi	[sikat gigi]
escovar os dentes	menggosok gigi	[məŋgosoʔ gigi]
máquina (f) de barbear	pisau cukur	[pisau tʃukur]
creme (m) de barbear	krim cukur	[krim tʃukur]
barbear-se (vr)	bercukur	[bərtʃukur]
sabonete (m)	sabun	[sabun]
champô (m)	sampo	[sampo]
tesoura (f)	gunting	[guntiŋ]
lima (f) de unhas	kikir kuku	[kikir kuku]
corta-unhas (m)	pemotong kuku	[pemotoŋ kuku]
pinça (f)	pinset	[pinset]
cosméticos (m pl)	kosmetik	[kosmetiʔ]
máscara (f) facial	masker	[masker]
manicura (f)	manikur	[manikur]
fazer a manicura	melakukan manikur	[melakukan manikur]
pedicure (f)	pedi	[pedi]
mala (f) de maquilhagem	tas kosmetik	[tas kosmetiʔ]
pó (m)	bedak	[bedaʔ]
caixa (f) de pó	kotak bedak	[kotaʔ bedaʔ]
blush (m)	perona pipi	[pərona pipi]
perfume (m)	parfum	[parfum]
água (f) de toilette	minyak wangi	[minjaʔ waŋi]
loção (f)	losion	[losjon]
água-de-colónia (f)	kolonye	[kolone]
sombra (f) de olhos	pewarna mata	[pewarna mata]
lápis (m) delineador	pensil alis	[pensil alis]
máscara (f), rímel (m)	celak	[tʃelaʔ]
batom (m)	lipstik	[lipstiʔ]

verniz (m) de unhas	kuteks, cat kuku	[kuteks], [tʃat kuku]
laca (f) para cabelos	semprotan rambut	[semprotan rambut]
desodorizante (m)	deodoran	[deodoran]
creme (m)	krim	[krim]
creme (m) de rosto	krim wajah	[krim wadʒʲah]
creme (m) de mãos	krim tangan	[krim taŋan]
creme (m) antirrugas	krim antikerut	[krim antikerut]
creme (m) de dia	krim siang	[krim siaŋ]
creme (m) de noite	krim malam	[krim malam]
de dia	siang	[siaŋ]
da noite	malam	[malam]
tampão (m)	tampon	[tampon]
papel (m) higiénico	kertas toilet	[kertas toylet]
secador (m) elétrico	pengering rambut	[peŋeriŋ rambut]

34. Relógios de pulso. Relógios

relógio (m) de pulso	arloji	[arlodʒi]
mostrador (m)	piringan jam	[piriŋan dʒʲam]
ponteiro (m)	jarum	[dʒʲarum]
bracelete (f) em aço	rantai arloji	[rantaj arlodʒi]
bracelete (f) em couro	tali arloji	[tali arlodʒi]
pilha (f)	baterai	[bateraj]
descarregar-se	mati	[mati]
trocar a pilha	mengganti baterai	[meŋganti bateraj]
estar adiantado	cepat	[tʃepat]
estar atrasado	terlambat	[terlambat]
relógio (m) de parede	jam dinding	[dʒʲam dindiŋ]
ampulheta (f)	jam pasir	[dʒʲam pasir]
relógio (m) de sol	jam matahari	[dʒʲam matahari]
despertador (m)	weker	[weker]
relojoeiro (m)	tukang jam	[tukaŋ dʒʲam]
reparar (vt)	mereparasi, memperbaiki	[mereparasi], [memperbajki]

Alimentação. Nutrição

35. Comida

carne (f)	daging	[dagiŋ]
galinha (f)	ayam	[ajam]
frango (m)	anak ayam	[ana' ajam]
pato (m)	bebek	[bebe']
ganso (m)	angsa	[aŋsa]
caça (f)	binatang buruan	[binataŋ buruan]
peru (m)	kalkun	[kalkun]
carne (f) de porco	daging babi	[dagiŋ babi]
carne (f) de vitela	daging anak sapi	[dagiŋ ana' sapi]
carne (f) de carneiro	daging domba	[dagiŋ domba]
carne (f) de vaca	daging sapi	[dagiŋ sapi]
carne (f) de coelho	kelinci	[kelintʃi]
chouriço, salsichão (m)	sosis	[sosis]
salsicha (f)	sosis	[sosis]
bacon (m)	bakon	[beykon]
fiambre (f)	ham, daging kornet	[ham], [dagiŋ kornet]
presunto (m)	ham	[ham]
patê (m)	pasta	[pasta]
fígado (m)	hati	[hati]
carne (f) moída	daging giling	[dagiŋ giliŋ]
língua (f)	lidah	[lidah]
ovo (m)	telur	[telur]
ovos (m pl)	telur	[telur]
clara (f) do ovo	putih telur	[putih telur]
gema (f) do ovo	kuning telur	[kuniŋ telur]
peixe (m)	ikan	[ikan]
mariscos (m pl)	makanan laut	[makanan laut]
crustáceos (m pl)	krustasea	[krustasea]
caviar (m)	caviar	[kaviar]
caranguejo (m)	kepiting	[kepitiŋ]
camarão (m)	udang	[udaŋ]
ostra (f)	tiram	[tiram]
lagosta (f)	lobster berduri	[lobster bərduri]
polvo (m)	gurita	[gurita]
lula (f)	cumi-cumi	[tʃumi-tʃumi]
esturjão (m)	ikan sturgeon	[ikan sturdʒʲen]
salmão (m)	salmon	[salmon]
halibute (m)	ikan turbot	[ikan turbot]
bacalhau (m)	ikan kod	[ikan kod]

cavala, sarda (f)	ikan kembung	[ikan kembuŋ]
atum (m)	tuna	[tuna]
enguia (f)	belut	[belut]
truta (f)	ikan forel	[ikan forel]
sardinha (f)	sarden	[sarden]
lúcio (m)	ikan pike	[ikan paik]
arenque (m)	ikan haring	[ikan hariŋ]
pão (m)	roti	[roti]
queijo (m)	keju	[kedʒʲu]
açúcar (m)	gula	[gula]
sal (m)	garam	[garam]
arroz (m)	beras, nasi	[beras], [nasi]
massas (f pl)	makaroni	[makaroni]
talharim (m)	mi	[mi]
manteiga (f)	mentega	[məntega]
óleo (m) vegetal	minyak nabati	[minjaʔ nabati]
óleo (m) de girassol	minyak bunga matahari	[minjaʔ buŋa matahari]
margarina (f)	margarin	[margarin]
azeitonas (f pl)	buah zaitun	[buah zajtun]
azeite (m)	minyak zaitun	[minjaʔ zajtun]
leite (m)	susu	[susu]
leite (m) condensado	susu kental	[susu kental]
iogurte (m)	yogurt	[yogurt]
nata (f) azeda	krim asam	[krim asam]
nata (f) do leite	krim, kepala susu	[krim], [kepala susu]
maionese (f)	mayones	[majones]
creme (m)	krim	[krim]
grãos (m pl) de cereais	menir	[menir]
farinha (f)	tepung	[tepuŋ]
enlatados (m pl)	makanan kalengan	[makanan kaleŋan]
flocos (m pl) de milho	emping jagung	[empiŋ dʒʲaguŋ]
mel (m)	madu	[madu]
doce (m)	selai	[selaj]
pastilha (f) elástica	permen karet	[pərmen karet]

36. Bebidas

água (f)	air	[air]
água (f) potável	air minum	[air minum]
água (f) mineral	air mineral	[air mineral]
sem gás	tanpa gas	[tanpa gas]
gaseificada	berkarbonasi	[bərkarbonasi]
com gás	bergas	[bərgas]
gelo (m)	es	[es]

com gelo	dengan es	[deŋan es]
sem álcool	tanpa alkohol	[tanpa alkohol]
bebida (f) sem álcool	minuman ringan	[minuman riŋan]
refresco (m)	minuman penygar	[minuman penigar]
limonada (f)	limun	[limun]

bebidas (f pl) alcoólicas	minoman beralkohol	[minoman bəralkohol]
vinho (m)	anggur	[aŋgur]
vinho (m) branco	anggur putih	[aŋgur putih]
vinho (m) tinto	anggur merah	[aŋgur merah]

licor (m)	likeur	[likeur]
champanhe (m)	sampanye	[sampanje]
vermute (m)	vermouth	[vermut]

uísque (m)	wiski	[wiski]
vodka (f)	vodka	[vodka]
gim (m)	jin, jenewer	[dʒin], [dʒʲenewer]
conhaque (m)	konyak	[konjaʔ]
rum (m)	rum	[rum]

café (m)	kopi	[kopi]
café (m) puro	kopi pahit	[kopi pahit]
café (m) com leite	kopi susu	[kopi susu]
cappuccino (m)	cappuccino	[kaputʃino]
café (m) solúvel	kopi instan	[kopi instan]

leite (m)	susu	[susu]
coquetel (m)	koktail	[koktajl]
batido (m) de leite	susu kocok	[susu kotʃoʔ]

sumo (m)	jus	[dʒʲus]
sumo (m) de tomate	jus tomat	[dʒʲus tomat]
sumo (m) de laranja	jus jeruk	[dʒʲus dʒʲeruʔ]
sumo (m) fresco	jus peras	[dʒʲus pəras]

cerveja (f)	bir	[bir]
cerveja (f) clara	bir putih	[bir putih]
cerveja (f) preta	bir hitam	[bir hitam]

chá (m)	teh	[teh]
chá (m) preto	teh hitam	[teh hitam]
chá (m) verde	teh hijau	[teh hidʒʲau]

37. Vegetais

| legumes (m pl) | sayuran | [sajuran] |
| verduras (f pl) | sayuran hijau | [sajuran hidʒʲau] |

tomate (m)	tomat	[tomat]
pepino (m)	mentimun, ketimun	[məntimun], [ketimun]
cenoura (f)	wortel	[wortel]
batata (f)	kentang	[kentaŋ]
cebola (f)	bawang	[bawaŋ]

alho (m)	bawang putih	[bawaŋ putih]
couve (f)	kol	[kol]
couve-flor (f)	kembang kol	[kembaŋ kol]
couve-de-bruxelas (f)	kol Brussels	[kol brusels]
brócolos (m pl)	brokoli	[brokoli]
beterraba (f)	ubi bit merah	[ubi bit merah]
beringela (f)	terung, terong	[teruŋ], [təroŋ]
curgete (f)	labu siam	[labu siam]
abóbora (f)	labu	[labu]
nabo (m)	turnip	[turnip]
salsa (f)	peterseli	[peterseli]
funcho, endro (m)	adas sowa	[adas sowa]
alface (f)	selada	[selada]
aipo (m)	seledri	[seledri]
espargo (m)	asparagus	[asparagus]
espinafre (m)	bayam	[bajam]
ervilha (f)	kacang polong	[katʃaŋ poloŋ]
fava (f)	kacang-kacangan	[katʃaŋ-katʃaŋan]
milho (m)	jagung	[dʒʲaguŋ]
feijão (m)	kacang buncis	[katʃaŋ buntʃis]
pimentão (m)	cabai	[tʃabaj]
rabanete (m)	radis	[radis]
alcachofra (f)	artisyok	[artiʃoʔ]

38. Frutos. Nozes

fruta (f)	buah	[buah]
maçã (f)	apel	[apel]
pera (f)	pir	[pir]
limão (m)	jeruk sitrun	[dʒʲeruʔ sitrun]
laranja (f)	jeruk manis	[dʒʲeruʔ manis]
morango (m)	stroberi	[stroberi]
tangerina (f)	jeruk mandarin	[dʒʲeruʔ mandarin]
ameixa (f)	plum	[plum]
pêssego (m)	persik	[persiʔ]
damasco (m)	aprikot	[aprikot]
framboesa (f)	buah frambus	[buah frambus]
ananás (m)	nanas	[nanas]
banana (f)	pisang	[pisaŋ]
melancia (f)	semangka	[semaŋka]
uva (f)	buah anggur	[buah aŋgur]
ginja (f)	buah ceri asam	[buah tʃeri asam]
cereja (f)	buah ceri manis	[buah tʃeri manis]
meloa (f)	melon	[melon]
toranja (f)	jeruk Bali	[dʒʲeruʔ bali]
abacate (m)	avokad	[avokad]
papaia (f)	pepaya	[pepaja]

manga (f)	mangga	[maŋga]
romã (f)	buah delima	[buah delima]
groselha (f) vermelha	redcurrant	[redkaren]
groselha (f) preta	blackcurrant	[bleʔkaren]
groselha (f) espinhosa	buah arbei hijau	[buah arbei hidʒʲau]
mirtilo (m)	buah bilberi	[buah bilberi]
amora silvestre (f)	beri hitam	[beri hitam]
uvas (f pl) passas	kismis	[kismis]
figo (m)	buah ara	[buah ara]
tâmara (f)	buah kurma	[buah kurma]
amendoim (m)	kacang tanah	[katʃaŋ tanah]
amêndoa (f)	badam	[badam]
noz (f)	buah walnut	[buah walnut]
avelã (f)	kacang hazel	[katʃaŋ hazel]
coco (m)	buah kelapa	[buah kelapa]
pistáchios (m pl)	badam hijau	[badam hidʒʲau]

39. Pão. Bolaria

pastelaria (f)	kue-mue	[kue-mue]
pão (m)	roti	[roti]
bolacha (f)	biskuit	[biskuit]
chocolate (m)	cokelat	[tʃokelat]
de chocolate	cokelat	[tʃokelat]
rebuçado (m)	permen	[pərmen]
bolo (cupcake, etc.)	kue	[kue]
bolo (m) de aniversário	kue tar	[kue tar]
tarte (~ de maçã)	pai	[pai]
recheio (m)	inti	[inti]
doce (m)	selai buah utuh	[selaj buah utuh]
geleia (f) de frutas	marmelade	[marmelade]
waffle (m)	wafel	[wafel]
gelado (m)	es krim	[es krim]
pudim (m)	puding	[pudiŋ]

40. Pratos cozinhados

prato (m)	masakan, hidangan	[masakan], [hidaŋan]
cozinha (~ portuguesa)	masakan	[masakan]
receita (f)	resep	[resep]
porção (f)	porsi	[porsi]
salada (f)	salada	[salada]
sopa (f)	sup	[sup]
caldo (m)	kaldu	[kaldu]
sandes (f)	roti lapis	[roti lapis]

ovos (m pl) estrelados	telur mata sapi	[telur mata sapi]
hambúrguer (m)	hamburger	[hamburger]
bife (m)	bistik	[bistiʔ]

conduto (m)	lauk	[lauʔ]
espaguete (m)	spageti	[spageti]
puré (m) de batata	kentang tumbuk	[kentaŋ tumbuʔ]
pizza (f)	piza	[piza]
papa (f)	bubur	[bubur]
omelete (f)	telur dadar	[telur dadar]

cozido em água	rebus	[rebus]
fumado	asap	[asap]
frito	goreng	[goreŋ]
seco	kering	[keriŋ]
congelado	beku	[beku]
em conserva	marinade	[marinade]

doce (açucarado)	manis	[manis]
salgado	asin	[asin]
frio	dingin	[diŋin]
quente	panas	[panas]
amargo	pahit	[pahit]
gostoso	enak	[enaʔ]

cozinhar (em água a ferver)	merebus	[merebus]
fazer, preparar (vt)	memasak	[memasaʔ]
fritar (vt)	menggoreng	[məŋgoreŋ]
aquecer (vt)	memanaskan	[memanaskan]

salgar (vt)	menggarami	[məŋgarami]
apimentar (vt)	membubuh merica	[membubuh meritʃa]
ralar (vt)	memarut	[memarut]
casca (f)	kulit	[kulit]
descascar (vt)	mengupas	[məŋupas]

41. Especiarias

sal (m)	garam	[garam]
salgado	asin	[asin]
salgar (vt)	menggarami	[məŋgarami]

pimenta (f) preta	merica	[meritʃa]
pimenta (f) vermelha	cabai merah	[tʃabaj merah]
mostarda (f)	mustar	[mustar]
raiz-forte (f)	lobak pedas	[lobaʔ pedas]

condimento (m)	bumbu	[bumbu]
especiaria (f)	rempah-rempah	[rempah-rempah]
molho (m)	saus	[saus]
vinagre (m)	cuka	[tʃuka]

anis (m)	adas manis	[adas manis]
manjericão (m)	selasih	[selasih]

cravo (m)	cengkih	[ʧeŋkih]
gengibre (m)	jahe	[dʒʲahe]
coentro (m)	ketumbar	[ketumbar]
canela (f)	kayu manis	[kaju manis]

sésamo (m)	wijen	[widʒʲen]
folhas (f pl) de louro	daun salam	[daun salam]
páprica (f)	cabai	[ʧabaj]
cominho (m)	jintan	[dʒintan]
açafrão (m)	kuma-kuma	[kuma-kuma]

42. Refeições

| comida (f) | makanan | [makanan] |
| comer (vt) | makan | [makan] |

pequeno-almoço (m)	makan pagi, sarapan	[makan pagi], [sarapan]
tomar o pequeno-almoço	sarapan	[sarapan]
almoço (m)	makan siang	[makan siaŋ]
almoçar (vi)	makan siang	[makan siaŋ]
jantar (m)	makan malam	[makan malam]
jantar (vi)	makan malam	[makan malam]

| apetite (m) | nafsu makan | [nafsu makan] |
| Bom apetite! | Selamat makan! | [selamat makan!] |

| abrir (~ uma lata, etc.) | membuka | [membuka] |
| derramar (vt) | menumpahkan | [mənumpahkan] |

ferver (vi)	mendidih	[məndidih]
ferver (vt)	mendidihkan	[məndidihkan]
fervido	masak	[masaʔ]

| arrefecer (vt) | mendinginkan | [məndiŋinkan] |
| arrefecer-se (vr) | mendingin | [məndiŋin] |

| sabor, gosto (m) | rasa | [rasa] |
| gostinho (m) | nuansa rasa | [nuansa rasa] |

fazer dieta	berdiet	[berdiet]
dieta (f)	diet, pola makan	[diet], [pola makan]
vitamina (f)	vitamin	[vitamin]
caloria (f)	kalori	[kalori]

| vegetariano (m) | vegetarian | [vegetarian] |
| vegetariano | vegetarian | [vegetarian] |

gorduras (f pl)	lemak	[lemaʔ]
proteínas (f pl)	protein	[protein]
carboidratos (m pl)	karbohidrat	[karbohidrat]

fatia (~ de limão, etc.)	irisan	[irisan]
pedaço (~ de bolo)	potongan	[potoŋan]
migalha (f)	remah	[remah]

43. Por a mesa

colher (f)	sendok	[sendo']
faca (f)	pisau	[pisau]
garfo (m)	garpu	[garpu]
chávena (f)	cangkir	[tʃaŋkir]
prato (m)	piring	[piriŋ]
pires (m)	alas cangkir	[alas tʃaŋkir]
guardanapo (m)	serbet	[serbet]
palito (m)	tusuk gigi	[tusu' gigi]

44. Restaurante

restaurante (m)	restoran	[restoran]
café (m)	warung kopi	[waruŋ kopi]
bar (m), cervejaria (f)	bar	[bar]
salão (m) de chá	warung teh	[waruŋ teh]
empregado (m) de mesa	pelayan lelaki	[pelajan lelaki]
empregada (f) de mesa	pelayan perempuan	[pelajan pərempuan]
barman (m)	pelayan bar	[pelajan bar]
ementa (f)	menu	[menu]
lista (f) de vinhos	daftar anggur	[daftar aŋgur]
reservar uma mesa	memesan meja	[memesan medʒ'a]
prato (m)	masakan, hidangan	[masakan], [hidaŋan]
pedir (vt)	memesan	[memesan]
fazer o pedido	memesan	[memesan]
aperitivo (m)	aperitif	[aperitif]
entrada (f)	makanan ringan	[makanan riŋan]
sobremesa (f)	hidangan penutup	[hidaŋan penutup]
conta (f)	bon	[bon]
pagar a conta	membayar bon	[membajar bon]
dar o troco	memberikan uang kembalian	[memberikan uaŋ kembalian]
gorjeta (f)	tip	[tip]

Família, parentes e amigos

45. Informação pessoal. Formulários

nome (m)	nama, nama depan	[nama], [nama depan]
apelido (m)	nama keluarga	[nama keluarga]
data (f) de nascimento	tanggal lahir	[taŋgal lahir]
local (m) de nascimento	tempat lahir	[tempat lahir]
nacionalidade (f)	kebangsaan	[kebaŋsa'an]
lugar (m) de residência	tempat tinggal	[tempat tiŋgal]
país (m)	negara, negeri	[negara], [negeri]
profissão (f)	profesi	[profesi]
sexo (m)	jenis kelamin	[dʒʲenis kelamin]
estatura (f)	tinggi badan	[tiŋgi badan]
peso (m)	berat	[berat]

46. Membros da família. Parentes

mãe (f)	ibu	[ibu]
pai (m)	ayah	[ajah]
filho (m)	anak lelaki	[ana' lelaki]
filha (f)	anak perempuan	[ana' pərempuan]
filha (f) mais nova	anak perempuan bungsu	[ana' pərempuan buŋsu]
filho (m) mais novo	anak lelaki bungsu	[ana' lelaki buŋsu]
filha (f) mais velha	anak perempuan sulung	[ana' pərempuan suluŋ]
filho (m) mais velho	anak lelaki sulung	[ana' lelaki suluŋ]
irmão (m)	saudara lelaki	[saudara lelaki]
irmão (m) mais velho	kakak lelaki	[kaka' lelaki]
irmão (m) mais novo	adik lelaki	[adi' lelaki]
irmã (f)	saudara perempuan	[saudara pərempuan]
irmã (f) mais velha	kakak perempuan	[kaka' pərempuan]
irmã (f) mais nova	adik perempuan	[adi' pərempuan]
primo (m)	sepupu lelaki	[sepupu lelaki]
prima (f)	sepupu perempuan	[sepupu pərempuan]
mamã (f)	mama, ibu	[mama], [ibu]
papá (m)	papa, ayah	[papa], [ajah]
pais (pl)	orang tua	[oraŋ tua]
criança (f)	anak	[ana']
crianças (f pl)	anak-anak	[ana'-ana']
avó (f)	nenek	[nene']
avô (m)	kakek	[kake']

neto (m)	cucu laki-laki	[ʧuʧu laki-laki]
neta (f)	cucu perempuan	[ʧuʧu pərempuan]
netos (pl)	cucu	[ʧuʧu]
tio (m)	paman	[paman]
tia (f)	bibi	[bibi]
sobrinho (m)	keponakan laki-laki	[keponakan laki-laki]
sobrinha (f)	keponakan perempuan	[keponakan pərempuan]
sogra (f)	ibu mertua	[ibu mertua]
sogro (m)	ayah mertua	[ajah mertua]
genro (m)	menantu laki-laki	[mənantu laki-laki]
madrasta (f)	ibu tiri	[ibu tiri]
padrasto (m)	ayah tiri	[ajah tiri]
criança (f) de colo	bayi	[baji]
bebé (m)	bayi	[baji]
menino (m)	bocah cilik	[boʧah ʧiliʔ]
mulher (f)	istri	[istri]
marido (m)	suami	[suami]
esposo (m)	suami	[suami]
esposa (f)	istri	[istri]
casado	menikah, beristri	[mənikah], [bəristri]
casada	menikah, bersuami	[mənikah], [bərsuami]
solteiro	bujang	[budʒˀaŋ]
solteirão (m)	bujang	[budʒˀaŋ]
divorciado	bercerai	[bərʧeraj]
viúva (f)	janda	[dʒˀanda]
viúvo (m)	duda	[duda]
parente (m)	kerabat	[kerabat]
parente (m) próximo	kerabat dekat	[kerabat dekat]
parente (m) distante	kerabat jauh	[kerabat dʒˀauh]
parentes (m pl)	kerabat, sanak saudara	[kerabat], [sanaʼ saudara]
órfão (m), órfã (f)	yatim piatu	[yatim piatu]
tutor (m)	wali	[wali]
adotar (um filho)	mengadopsi	[məŋadopsi]
adotar (uma filha)	mengadopsi	[məŋadopsi]

Medicina

47. Doenças

doença (f)	penyakit	[penjakit]
estar doente	sakit	[sakit]
saúde (f)	kesehatan	[kesehatan]
nariz (m) a escorrer	hidung meler	[hiduŋ meler]
amigdalite (f)	radang tonsil	[radaŋ tonsil]
constipação (f)	pilek, selesma	[pilek], [selesma]
constipar-se (vr)	masuk angin	[masu' aŋin]
bronquite (f)	bronkitis	[bronkitis]
pneumonia (f)	radang paru-paru	[radaŋ paru-paru]
gripe (f)	flu	[flu]
míope	rabun jauh	[rabun dʒ'auh]
presbita	rabun dekat	[rabun dekat]
estrabismo (m)	mata juling	[mata dʒ'uliŋ]
estrábico	bermata juling	[bərmata dʒ'uliŋ]
catarata (f)	katarak	[katara']
glaucoma (m)	glaukoma	[glaukoma]
AVC (m), apoplexia (f)	stroke	[stroke]
ataque (m) cardíaco	infark	[infar']
enfarte (m) do miocárdio	serangan jantung	[seraŋan dʒ'antuŋ]
paralisia (f)	kelumpuhan	[kelumpuhan]
paralisar (vt)	melumpuhkan	[melumpuhkan]
alergia (f)	alergi	[alergi]
asma (f)	asma	[asma]
diabetes (f)	diabetes	[diabetes]
dor (f) de dentes	sakit gigi	[sakit gigi]
cárie (f)	karies	[karies]
diarreia (f)	diare	[diare]
prisão (f) de ventre	konstipasi, sembelit	[konstipasi], [sembelit]
desarranjo (m) intestinal	gangguan pencernaan	[gaŋuan pentʃarna'an]
intoxicação (f) alimentar	keracunan makanan	[keratʃunan makanan]
intoxicar-se	keracunan makanan	[keratʃunan makanan]
artrite (f)	artritis	[artritis]
raquitismo (m)	rakitis	[rakitis]
reumatismo (m)	rematik	[remati']
arteriosclerose (f)	aterosklerosis	[aterosklerosis]
gastrite (f)	radang perut	[radaŋ pərut]
apendicite (f)	apendisitis	[apendisitis]

colecistite (f)	radang pundi empedu	[radaŋ pundi empedu]
úlcera (f)	tukak lambung	[tuka' lambuŋ]
sarampo (m)	penyakit campak	[penjakit tʃampa']
rubéola (f)	penyakit campak Jerman	[penjakit tʃampa' dʒˈerman]
icterícia (f)	sakit kuning	[sakit kuniŋ]
hepatite (f)	hepatitis	[hepatitis]
esquizofrenia (f)	skizofrenia	[skizofrenia]
raiva (f)	rabies	[rabies]
neurose (f)	neurosis	[neurosis]
comoção (f) cerebral	gegar otak	[gegar ota']
cancro (m)	kanker	[kanker]
esclerose (f)	sklerosis	[sklerosis]
esclerose (f) múltipla	sklerosis multipel	[sklerosis multipel]
alcoolismo (m)	alkoholisme	[alkoholisme]
alcoólico (m)	alkoholik	[alkoholi']
sífilis (f)	sifilis	[sifilis]
SIDA (f)	AIDS	[ajds]
tumor (m)	tumor	[tumor]
maligno	ganas	[ganas]
benigno	jinak	[dʒina']
febre (f)	demam	[demam]
malária (f)	malaria	[malaria]
gangrena (f)	gangren	[gaŋren]
enjoo (m)	mabuk laut	[mabu' laut]
epilepsia (f)	epilepsi	[epilepsi]
epidemia (f)	epidemi	[epidemi]
tifo (m)	tifus	[tifus]
tuberculose (f)	tuberkulosis	[tuberkulosis]
cólera (f)	kolera	[kolera]
peste (f)	penyakit pes	[penjakit pes]

48. Sintomas. Tratamentos. Parte 1

sintoma (m)	gejala	[gedʒˈala]
temperatura (f)	temperatur, suhu	[temperatur], [suhu]
febre (f)	temperatur tinggi	[temperatur tiŋgi]
pulso (m)	denyut nadi	[denyut nadi]
vertigem (f)	rasa pening	[rasa peniŋ]
quente (testa, etc.)	panas	[panas]
calafrio (m)	menggigil	[məŋgigil]
pálido	pucat	[putʃat]
tosse (f)	batuk	[batu']
tossir (vi)	batuk	[batu']
espirrar (vi)	bersin	[bersin]
desmaio (m)	pingsan	[piŋsan]

desmaiar (vi)	jatuh pingsan	[dʒ'atuh piŋsan]
nódoa (f) negra	luka memar	[luka memar]
galo (m)	bengkak	[beŋkaʔ]
magoar-se (vr)	terantuk	[tərantuʔ]
pisadura (f)	luka memar	[luka memar]
aleijar-se (vr)	kena luka memar	[kena luka memar]
coxear (vi)	pincang	[pintʃaŋ]
deslocação (f)	keseleo	[keseleo]
deslocar (vt)	keseleo	[keseleo]
fratura (f)	fraktura, patah tulang	[fraktura], [patah tulaŋ]
fraturar (vt)	patah tulang	[patah tulaŋ]
corte (m)	teriris	[təriris]
cortar-se (vr)	teriris	[təriris]
hemorragia (f)	perdarahan	[pərdarahan]
queimadura (f)	luka bakar	[luka bakar]
queimar-se (vr)	menderita luka bakar	[mənderita luka bakar]
picar (vt)	menusuk	[mənusuʔ]
picar-se (vr)	tertusuk	[tərtusuʔ]
lesionar (vt)	melukai	[melukaj]
lesão (m)	cedera	[tʃedera]
ferida (f), ferimento (m)	luka	[luka]
trauma (m)	trauma	[trauma]
delirar (vi)	mengigau	[məɲigau]
gaguejar (vi)	gagap	[gagap]
insolação (f)	sengatan matahari	[seŋatan matahari]

49. Sintomas. Tratamentos. Parte 2

dor (f)	sakit	[sakit]
farpa (no dedo)	selumbar	[selumbar]
suor (m)	keringat	[keriŋat]
suar (vi)	berkeringat	[bərkeriŋat]
vómito (m)	muntah	[muntah]
convulsões (f pl)	kram	[kram]
grávida	hamil	[hamil]
nascer (vi)	lahir	[lahir]
parto (m)	persalinan	[pərsalinan]
dar à luz	melahirkan	[melahirkan]
aborto (m)	aborsi	[aborsi]
respiração (f)	pernapasan	[pərnapasan]
inspiração (f)	tarikan napas	[tarikan napas]
expiração (f)	napas keluar	[napas keluar]
expirar (vi)	mengembuskan napas	[məŋembuskan napas]
inspirar (vi)	menarik napas	[mənariʔ napas]
inválido (m)	penderita cacat	[penderita tʃatʃat]
aleijado (m)	penderita cacat	[penderita tʃatʃat]

toxicodependente (m)	pecandu narkoba	[petʃandu narkoba]
surdo	tunarungu	[tunaruŋu]
mudo	tunawicara	[tunawitʃara]
surdo-mudo	tunarungu-wicara	[tunaruŋu-witʃara]
louco (adj.)	gila	[gila]
louco (m)	lelaki gila	[lelaki gila]
louca (f)	perempuan gila	[pərempuan gila]
ficar louco	menggila	[məŋgila]
gene (m)	gen	[gen]
imunidade (f)	imunitas	[imunitas]
hereditário	turun-temurun	[turun-temurun]
congénito	bawaan	[bawa'an]
vírus (m)	virus	[virus]
micróbio (m)	mikroba	[mikroba]
bactéria (f)	bakteri	[bakteri]
infeção (f)	infeksi	[infeksi]

50. Sintomas. Tratamentos. Parte 3

hospital (m)	rumah sakit	[rumah sakit]
paciente (m)	pasien	[pasien]
diagnóstico (m)	diagnosis	[diagnosis]
cura (f)	perawatan	[pərawatan]
tratamento (m) médico	pengobatan medis	[peŋobatan medis]
curar-se (vr)	berobat	[bərobat]
tratar (vt)	merawat	[merawat]
cuidar (pessoa)	merawat	[merawat]
cuidados (m pl)	pengasuhan	[peŋasuhan]
operação (f)	operasi, pembedahan	[operasi], [pembedahan]
enfaixar (vt)	membalut	[membalut]
enfaixamento (m)	pembalutan	[pembalutan]
vacinação (f)	vaksinasi	[vaksinasi]
vacinar (vt)	memvaksinasi	[memvaksinasi]
injeção (f)	suntikan	[suntikan]
dar uma injeção	menyuntik	[mənyunti']
ataque (~ de asma, etc.)	serangan	[seraŋan]
amputação (f)	amputasi	[amputasi]
amputar (vt)	mengamputasi	[məŋamputasi]
coma (f)	koma	[koma]
estar em coma	dalam keadaan koma	[dalam keada'an koma]
reanimação (f)	perawatan intensif	[pərawatan intensif]
recuperar-se (vr)	sembuh	[sembuh]
estado (~ de saúde)	keadaan	[keada'an]
consciência (f)	kesadaran	[kesadaran]
memória (f)	memori, daya ingat	[memori], [daja iŋat]
tirar (vt)	mencabut	[məntʃabut]

chumbo (m), obturação (f)	tambalan	[tambalan]
chumbar, obturar (vt)	menambal	[mənambal]
hipnose (f)	hipnosis	[hipnosis]
hipnotizar (vt)	menghipnosis	[məŋhipnosis]

51. Médicos

médico (m)	dokter	[dokter]
enfermeira (f)	suster, juru rawat	[suster], [dʒuru rawat]
médico (m) pessoal	dokter pribadi	[dokter pribadi]
dentista (m)	dokter gigi	[dokter gigi]
oculista (m)	dokter mata	[dokter mata]
terapeuta (m)	ahli penyakit dalam	[ahli penjakit dalam]
cirurgião (m)	dokter bedah	[dokter bedah]
psiquiatra (m)	psikiater	[psikiater]
pediatra (m)	dokter anak	[dokter anaʔ]
psicólogo (m)	psikolog	[psikolog]
ginecologista (m)	ginekolog	[ginekolog]
cardiologista (m)	kardiolog	[kardiolog]

52. Medicina. Drogas. Acessórios

medicamento (m)	obat	[obat]
remédio (m)	obat	[obat]
receitar (vt)	meresepkan	[meresepkan]
receita (f)	resep	[resep]
comprimido (m)	pil, tablet	[pil], [tablet]
pomada (f)	salep	[salep]
ampola (f)	ampul	[ampul]
preparado (m)	obat cair	[obat tʃajr]
xarope (m)	sirop	[sirop]
cápsula (f)	pil	[pil]
remédio (m) em pó	bubuk	[bubuʔ]
ligadura (f)	perban	[perban]
algodão (m)	kapas	[kapas]
iodo (m)	iodium	[iodium]
penso (m) rápido	plester obat	[plester obat]
conta-gotas (m)	tetes mata	[tetes mata]
termómetro (m)	termometer	[tərmometər]
seringa (f)	alat suntik	[alat suntiʔ]
cadeira (f) de rodas	kursi roda	[kursi roda]
muletas (f pl)	kruk	[kruʔ]
analgésico (m)	obat bius	[obat bius]
laxante (m)	laksatif, obat pencuci perut	[laksatif], [obat pentʃutʃi pərut]

álcool (m) etílico	**spiritus, alkohol**	[spiritus], [alkohol]
ervas (f pl) medicinais	**tanaman obat**	[tanaman obat]
de ervas (chá ~)	**herbal**	[herbal]

HABITAT HUMANO

Cidade

53. Cidade. Vida na cidade

cidade (f)	kota	[kota]
capital (f)	ibu kota	[ibu kota]
aldeia (f)	desa	[desa]
mapa (m) da cidade	peta kota	[peta kota]
centro (m) da cidade	pusat kota	[pusat kota]
subúrbio (m)	pinggir kota	[piŋgir kota]
suburbano	pinggir kota	[piŋgir kota]
periferia (f)	pinggir	[piŋgir]
arredores (m pl)	daerah sekitarnya	[daerah sekitarnja]
quarteirão (m)	blok	[blo']
quarteirão (m) residencial	blok perumahan	[blo' pərumahan]
tráfego (m)	lalu lintas	[lalu lintas]
semáforo (m)	lampu lalu lintas	[lampu lalu lintas]
transporte (m) público	angkot	[aŋkot]
cruzamento (m)	persimpangan	[pərsimpaŋan]
passadeira (f)	penyeberangan	[penjeberaŋan]
passagem (f) subterrânea	terowongan penyeberangan	[tərowoŋan penjeberaŋan]
cruzar, atravessar (vt)	menyeberang	[menjeberaŋ]
peão (m)	pejalan kaki	[pedʒˈalan kaki]
passeio (m)	trotoar	[trotoar]
ponte (f)	jembatan	[dʒˈembatan]
margem (f) do rio	tepi sungai	[tepi suŋaj]
fonte (f)	air mancur	[air mantʃur]
alameda (f)	jalan kecil	[dʒˈalan ketʃil]
parque (m)	taman	[taman]
bulevar (m)	bulevar, adimarga	[bulevar], [adimarga]
praça (f)	lapangan	[lapaŋan]
avenida (f)	jalan raya	[dʒˈalan raja]
rua (f)	jalan	[dʒˈalan]
travessa (f)	gang	[gaŋ]
beco (m) sem saída	jalan buntu	[dʒˈalan buntu]
casa (f)	rumah	[rumah]
edifício, prédio (m)	gedung	[geduŋ]
arranha-céus (m)	pencakar langit	[pentʃakar laŋit]
fachada (f)	bagian depan	[bagian depan]

telhado (m)	atap	[atap]
janela (f)	jendela	[dʒ'endela]
arco (m)	lengkungan	[leŋkuŋan]
coluna (f)	pilar	[pilar]
esquina (f)	sudut	[sudut]
montra (f)	etalase	[etalase]
letreiro (m)	papan nama	[papan nama]
cartaz (m)	poster	[poster]
cartaz (m) publicitário	poster iklan	[poster iklan]
painel (m) publicitário	papan iklan	[papan iklan]
lixo (m)	sampah	[sampah]
cesta (f) do lixo	tong sampah	[toŋ sampah]
jogar lixo na rua	menyampah	[mənjampah]
aterro (m) sanitário	tempat pemrosesan akhir (TPA)	[tempat pemrosesan ahir]
cabine (f) telefónica	gardu telepon umum	[gardu telepon umum]
candeeiro (m) de rua	tiang lampu	[tiaŋ lampu]
banco (m)	bangku	[baŋku]
polícia (m)	polisi	[polisi]
polícia (instituição)	polisi, kepolisian	[polisi], [kepolisian]
mendigo (m)	pengemis	[peŋemis]
sem-abrigo (m)	tuna wisma	[tuna wisma]

54. Instituições urbanas

loja (f)	toko	[toko]
farmácia (f)	apotek, toko obat	[apotek], [toko obat]
ótica (f)	optik	[opti']
centro (m) comercial	toserba	[toserba]
supermercado (m)	pasar swalayan	[pasar swalajan]
padaria (f)	toko roti	[toko roti]
padeiro (m)	pembuat roti	[pembuat roti]
pastelaria (f)	toko kue	[toko kue]
mercearia (f)	toko pangan	[toko paŋan]
talho (m)	toko daging	[toko dagiŋ]
loja (f) de legumes	toko sayur	[toko sajur]
mercado (m)	pasar	[pasar]
café (m)	warung kopi	[waruŋ kopi]
restaurante (m)	restoran	[restoran]
bar (m), cervejaria (f)	kedai bir	[kedaj bir]
pizzaria (f)	kedai piza	[kedaj piza]
salão (m) de cabeleireiro	salon rambut	[salon rambut]
correios (m pl)	kantor pos	[kantor pos]
lavandaria (f)	penatu kimia	[penatu kimia]
estúdio (m) fotográfico	studio foto	[studio foto]
sapataria (f)	toko sepatu	[toko sepatu]

| livraria (f) | toko buku | [toko buku] |
| loja (f) de artigos de desporto | toko alat olahraga | [toko alat olahraga] |

reparação (f) de roupa	reparasi pakaian	[reparasi pakajan]
aluguer (m) de roupa	rental pakaian	[rental pakajan]
aluguer (m) de filmes	rental film	[rental film]

circo (m)	sirkus	[sirkus]
jardim (m) zoológico	kebun binatang	[kebun binataŋ]
cinema (m)	bioskop	[bioskop]
museu (m)	museum	[museum]
biblioteca (f)	perpustakaan	[pərpustaka'an]

teatro (m)	teater	[teater]
ópera (f)	opera	[opera]
clube (m) noturno	klub malam	[klub malam]
casino (m)	kasino	[kasino]

mesquita (f)	masjid	[masdʒid]
sinagoga (f)	sinagoga, kanisah	[sinagoga], [kanisah]
catedral (f)	katedral	[katedral]
templo (m)	kuil, candi	[kuil], [tʃandi]
igreja (f)	gereja	[geredʒ'a]

instituto (m)	institut, perguruan tinggi	[institut], [pərguruan tiŋgi]
universidade (f)	universitas	[universitas]
escola (f)	sekolah	[sekolah]

prefeitura (f)	prefektur, distrik	[prefektur], [distri']
câmara (f) municipal	balai kota	[balaj kota]
hotel (m)	hotel	[hotel]
banco (m)	bank	[ban']

embaixada (f)	kedutaan besar	[keduta'an besar]
agência (f) de viagens	kantor pariwisata	[kantor pariwisata]
agência (f) de informações	kantor penerangan	[kantor peneraŋan]
casa (f) de câmbio	kantor penukaran uang	[kantor penukaran uaŋ]

| metro (m) | kereta api bawah tanah | [kereta api bawah tanah] |
| hospital (m) | rumah sakit | [rumah sakit] |

| posto (m) de gasolina | SPBU, stasiun bensin | [es-pe-be-u], [stasjun bensin] |
| parque (m) de estacionamento | tempat parkir | [tempat parkir] |

55. Sinais

letreiro (m)	papan nama	[papan nama]
inscrição (f)	tulisan	[tulisan]
cartaz, póster (m)	poster	[poster]
sinal (m) informativo	penunjuk arah	[penundʒ'u' arah]
seta (f)	anak panah	[ana' panah]

| aviso (advertência) | peringatan | [pəriŋatan] |
| sinal (m) de aviso | tanda peringatan | [tanda pəriŋatan] |

avisar, advertir (vt)	memperingatkan	[memperiŋatkan]
dia (m) de folga	hari libur	[hari libur]
horário (m)	jadwal	[dʒ'adwal]
horário (m) de funcionamento	jam buka	[dʒ'am buka]
BEM-VINDOS!	SELAMAT DATANG!	[selamat dataŋ!]
ENTRADA	MASUK	[masuʔ]
SAÍDA	KELUAR	[keluar]
EMPURRE	DORONG	[doroŋ]
PUXE	TARIK	[tariʔ]
ABERTO	BUKA	[buka]
FECHADO	TUTUP	[tutup]
MULHER	WANITA	[wanita]
HOMEM	PRIA	[pria]
DESCONTOS	DISKON	[diskon]
SALDOS	OBRAL	[obral]
NOVIDADE!	BARU!	[baru!]
GRÁTIS	GRATIS	[gratis]
ATENÇÃO!	PERHATIAN!	[pərhatian!]
NÃO HÁ VAGAS	PENUH	[penuh]
RESERVADO	DIRESERVASI	[direservasi]
ADMINISTRAÇÃO	ADMINISTRASI	[administrasi]
SOMENTE PESSOAL AUTORIZADO	KHUSUS STAF	[husus staf]
CUIDADO CÃO FEROZ	AWAS, ANJING GALAK!	[awas], [andʒiŋ galaʔ!]
PROIBIDO FUMAR!	DILARANG MEROKOK!	[dilaraŋ merokoʔ!]
NÃO TOCAR	JANGAN SENTUH!	[dʒ'aŋan sentuh!]
PERIGOSO	BERBAHAYA	[bərbahaja]
PERIGO	BAHAYA	[bahaja]
ALTA TENSÃO	TEGANGAN TINGGI	[tegaŋan tiŋgi]
PROIBIDO NADAR	DILARANG BERENANG!	[dilaraŋ bərenaŋ!]
AVARIADO	RUSAK	[rusaʔ]
INFLAMÁVEL	BAHAN MUDAH TERBAKAR	[bahan mudah tərbakar]
PROIBIDO	DILARANG	[dilaraŋ]
ENTRADA PROIBIDA	DILARANG MASUK!	[dilaraŋ masuʔ!]
CUIDADO TINTA FRESCA	AWAS CAT BASAH	[awas tʃat basah]

56. Transportes urbanos

autocarro (m)	bus	[bus]
elétrico (m)	trem	[trem]
troleicarro (m)	bus listrik	[bus listriʔ]
itinerário (m)	trayek	[traeʔ]
número (m)	nomor	[nomor]
ir de … (carro, etc.)	naik …	[naiʔ …]

entrar (~ no autocarro)	naik	[naiʔ]
descer de …	turun …	[turun …]
paragem (f)	halte, pemberhentian	[halte], [pemberhentian]
próxima paragem (f)	halte berikutnya	[halte bərikutnja]
ponto (m) final	halte terakhir	[halte tərahir]
horário (m)	jadwal	[dʒˈadwal]
esperar (vt)	menunggu	[mənuŋgu]
bilhete (m)	tiket	[tiket]
custo (m) do bilhete	harga karcis	[harga kartʃis]
bilheteiro (m)	kasir	[kasir]
controlo (m) dos bilhetes	pemeriksaan tiket	[pemeriksaʔan tiket]
revisor (m)	kondektur	[kondektur]
atrasar-se (vr)	terlambat …	[tərlambat …]
perder (o autocarro, etc.)	ketinggalan	[ketiŋgalan]
estar com pressa	tergesa-gesa	[tərgesa-gesa]
táxi (m)	taksi	[taksi]
taxista (m)	sopir taksi	[sopir taksi]
de táxi (ir ~)	naik taksi	[naiʔ taksi]
praça (f) de táxis	pangkalan taksi	[paŋkalan taksi]
chamar um táxi	memanggil taksi	[memaŋgil taksi]
apanhar um táxi	menaiki taksi	[mənajki taksi]
tráfego (m)	lalu lintas	[lalu lintas]
engarrafamento (m)	kemacetan lalu lintas	[kematʃetan lalu lintas]
horas (f pl) de ponta	jam sibuk	[dʒˈam sibuʔ]
estacionar (vi)	parkir	[parkir]
estacionar (vt)	memarkir	[memarkir]
parque (m) de estacionamento	tempat parkir	[tempat parkir]
metro (m)	kereta api bawah tanah	[kereta api bawah tanah]
estação (f)	stasiun	[stasiun]
ir de metro	naik kereta api bawah tanah	[naiʔ kereta api bawah tanah]
comboio (m)	kereta api	[kereta api]
estação (f)	stasiun kereta api	[stasiun kereta api]

57. Turismo

monumento (m)	monumen, patung	[monumen], [patuŋ]
fortaleza (f)	benteng	[benteŋ]
palácio (m)	istana	[istana]
castelo (m)	kastil	[kastil]
torre (f)	menara	[mənara]
mausoléu (m)	mausoleum	[mausoleum]
arquitetura (f)	arsitektur	[arsitektur]
medieval	abad pertengahan	[abad pertəŋahan]
antigo	kuno	[kuno]
nacional	nasional	[nasional]

conhecido	terkenal	[tərkenal]
turista (m)	turis, wisatawan	[turis], [wisatawan]
guia (pessoa)	pemandu wisata	[pemandu wisata]
excursão (f)	ekskursi	[ekskursi]
mostrar (vt)	menunjukkan	[mənundʒiu'kan]
contar (vt)	menceritakan	[məntʃeritakan]
encontrar (vt)	mendapatkan	[məndapatkan]
perder-se (vr)	tersesat	[tərsesat]
mapa (~ do metrô)	denah	[denah]
mapa (~ da cidade)	peta	[peta]
lembrança (f), presente (m)	suvenir	[suvenir]
loja (f) de presentes	toko suvenir	[toko suvenir]
fotografar (vt)	memotret	[memotret]
fotografar-se	berfoto	[bərfoto]

58. Compras

comprar (vt)	membeli	[membeli]
compra (f)	belanjaan	[belandʒia'an]
fazer compras	berbelanja	[bərbelandʒia]
compras (f pl)	berbelanja	[bərbelandʒia]
estar aberta (loja, etc.)	buka	[buka]
estar fechada	tutup	[tutup]
calçado (m)	sepatu	[sepatu]
roupa (f)	pakaian	[pakajan]
cosméticos (m pl)	kosmetik	[kosmeti']
alimentos (m pl)	produk makanan	[produ' makanan]
presente (m)	hadiah	[hadiah]
vendedor (m)	pramuniaga	[pramuniaga]
vendedora (f)	pramuniaga perempuan	[pramuniaga pərempuan]
caixa (f)	kas	[kas]
espelho (m)	cermin	[tʃermin]
balcão (m)	konter	[konter]
cabine (f) de provas	kamar pas	[kamar pas]
provar (vt)	mengepas	[məŋepas]
servir (vi)	pas, cocok	[pas], [tʃotʃo']
gostar (apreciar)	suka	[suka]
preço (m)	harga	[harga]
etiqueta (f) de preço	label harga	[label harga]
custar (vt)	berharga	[bərharga]
Quanto?	Berapa?	[bərapa?]
desconto (m)	diskon	[diskon]
não caro	tidak mahal	[tida' mahal]
barato	murah	[murah]
caro	mahal	[mahal]

É caro	Ini mahal	[ini mahal]
aluguer (m)	rental, persewaan	[rental], [pərsewa'an]
alugar (vestidos, etc.)	menyewa	[mənjewa]
crédito (m)	kredit	[kredit]
a crédito	secara kredit	[setʃara kredit]

59. Dinheiro

dinheiro (m)	uang	[uaŋ]
câmbio (m)	pertukaran mata uang	[pərtukaran mata uaŋ]
taxa (f) de câmbio	nilai tukar	[nilaj tukar]
Caixa Multibanco (m)	Anjungan Tunai Mandiri, ATM	[andʒʲuŋan tunaj mandiri], [a-te-em]
moeda (f)	koin	[koin]

| dólar (m) | dolar | [dolar] |
| euro (m) | euro | [euro] |

lira (f)	lira	[lira]
marco (m)	Mark Jerman	[mar' dʒʲerman]
franco (m)	franc	[frantʃ]
libra (f) esterlina	poundsterling	[paundsterliŋ]
iene (m)	yen	[yen]

dívida (f)	utang	[utaŋ]
devedor (m)	pengutang	[peŋutaŋ]
emprestar (vt)	meminjamkan	[memindʒʲamkan]
pedir emprestado	meminjam	[memindʒʲam]

banco (m)	bank	[banʔ]
conta (f)	rekening	[rekeniŋ]
depositar (vt)	memasukkan	[memasuʔkan]
depositar na conta	memasukkan ke rekening	[memasuʔkan ke rekeniŋ]
levantar (vt)	menarik uang	[mənariʔ uaŋ]

cartão (m) de crédito	kartu kredit	[kartu kredit]
dinheiro (m) vivo	uang kontan, uang tunai	[uaŋ kontan], [uaŋ tunaj]
cheque (m)	cek	[tʃeʔ]
passar um cheque	menulis cek	[mənulis tʃeʔ]
livro (m) de cheques	buku cek	[buku tʃeʔ]

carteira (f)	dompet	[dompet]
porta-moedas (m)	dompet, pundi-pundi	[dompet], [pundi-pundi]
cofre (m)	brankas	[brankas]

herdeiro (m)	pewaris	[pewaris]
herança (f)	warisan	[warisan]
fortuna (riqueza)	kekayaan	[kekaja'an]

arrendamento (m)	sewa	[sewa]
renda (f) de casa	uang sewa	[uaŋ sewa]
alugar (vt)	menyewa	[mənjewa]
preço (m)	harga	[harga]
custo (m)	harga	[harga]

soma (f)	jumlah	[dʒˈumlah]
gastar (vt)	menghabiskan	[mənhabiskan]
gastos (m pl)	ongkos	[oŋkos]
economizar (vi)	menghemat	[mənhemat]
económico	hemat	[hemat]
pagar (vt)	membayar	[membajar]
pagamento (m)	pembayaran	[pembajaran]
troco (m)	kembalian	[kembalian]
imposto (m)	pajak	[padʒˈaʔ]
multa (f)	denda	[denda]
multar (vt)	mendenda	[məndenda]

60. Correios. Serviço postal

correios (m pl)	kantor pos	[kantor pos]
correio (m)	surat	[surat]
carteiro (m)	tukang pos	[tukaŋ pos]
horário (m)	jam buka	[dʒˈam buka]
carta (f)	surat	[surat]
carta (f) registada	surat tercatat	[surat tərtʃatat]
postal (m)	kartu pos	[kartu pos]
telegrama (m)	telegram	[telegram]
encomenda (f) postal	parsel, paket pos	[parsel], [paket pos]
remessa (f) de dinheiro	wesel pos	[wesel pos]
receber (vt)	menerima	[mənerima]
enviar (vt)	mengirim	[məŋirim]
envio (m)	pengiriman	[peŋiriman]
endereço (m)	alamat	[alamat]
código (m) postal	kode pos	[kode pos]
remetente (m)	pengirim	[peŋirim]
destinatário (m)	penerima	[penerima]
nome (m)	nama	[nama]
apelido (m)	nama keluarga	[nama keluarga]
tarifa (f)	tarif	[tarif]
ordinário	biasa, standar	[biasa], [standar]
económico	ekonomis	[ekonomis]
peso (m)	berat	[berat]
pesar (estabelecer o peso)	menimbang	[mənimbaŋ]
envelope (m)	amplop	[amplop]
selo (m)	prangko	[praŋko]
colar o selo	menempelkan prangko	[mənempelkan praŋko]

Moradia. Casa. Lar

61. Casa. Eletricidade

eletricidade (f)	listrik	[listriʔ]
lâmpada (f)	bohlam	[bohlam]
interruptor (m)	sakelar	[sakelar]
fusível (m)	sekring	[sekriŋ]
fio, cabo (m)	kabel, kawat	[kabel], [kawat]
instalação (f) elétrica	rangkaian kabel	[raŋkajan kabel]
contador (m) de eletricidade	meteran listrik	[meteran listriʔ]
indicação (f), registo (m)	pencatatan	[pentʃatatan]

62. Moradia. Mansão

casa (f) de campo	rumah luar kota	[rumah luar kota]
vila (f)	vila	[vila]
ala (~ do edifício)	sayap	[sajap]
jardim (m)	kebun	[kebun]
parque (m)	taman	[taman]
estufa (f)	rumah kaca	[rumah katʃa]
cuidar de ...	memelihara	[memelihara]
piscina (f)	kolam renang	[kolam renaŋ]
ginásio (m)	gym	[dʒim]
campo (m) de ténis	lapangan tenis	[lapaŋan tenis]
cinema (m)	bioskop rumah	[bioskop rumah]
garagem (f)	garasi	[garasi]
propriedade (f) privada	milik pribadi	[miliʔ pribadi]
terreno (m) privado	tanah pribadi	[tanah pribadi]
advertência (f)	peringatan	[pəriŋatan]
sinal (m) de aviso	tanda peringatan	[tanda pəriŋatan]
guarda (f)	keamanan	[keamanan]
guarda (m)	satpam, pengawal	[satpam], [peŋawal]
alarme (m)	alarm antirampok	[alarm antirampoʔ]

63. Apartamento

apartamento (m)	apartemen	[apartemen]
quarto (m)	kamar	[kamar]
quarto (m) de dormir	kamar tidur	[kamar tidur]

sala (f) de jantar	ruang makan	[ruaŋ makan]
sala (f) de estar	ruang tamu	[ruaŋ tamu]
escritório (m)	ruang kerja	[ruaŋ kerdʒʲa]

antessala (f)	ruang depan	[ruaŋ depan]
quarto (m) de banho	kamar mandi	[kamar mandi]
toilette (lavabo)	kamar kecil	[kamar ketʃil]

teto (m)	plafon, langit-langit	[plafon], [laŋit-laŋit]
chão, soalho (m)	lantai	[lantaj]
canto (m)	sudut	[sudut]

64. Mobiliário. Interior

mobiliário (m)	mebel	[mebel]
mesa (f)	meja	[medʒʲa]
cadeira (f)	kursi	[kursi]
cama (f)	ranjang	[randʒʲaŋ]

| divã (m) | dipan | [dipan] |
| cadeirão (m) | kursi malas | [kursi malas] |

| estante (f) | lemari buku | [lemari buku] |
| prateleira (f) | rak | [raʔ] |

guarda-vestidos (m)	lemari pakaian	[lemari pakajan]
cabide (m) de parede	kapstok	[kapstoʔ]
cabide (m) de pé	kapstok berdiri	[kapstoʔ bərdiri]

| cómoda (f) | lemari laci | [lemari latʃi] |
| mesinha (f) de centro | meja kopi | [medʒʲa kopi] |

espelho (m)	cermin	[tʃermin]
tapete (m)	permadani	[pərmadani]
tapete (m) pequeno	karpet kecil	[karpet ketʃil]

lareira (f)	perapian	[pərapian]
vela (f)	lilin	[lilin]
castiçal (m)	kaki lilin	[kaki lilin]

cortinas (f pl)	gorden	[gorden]
papel (m) de parede	kertas dinding	[kertas dindiŋ]
estores (f pl)	kerai	[keraj]

| candeeiro (m) de mesa | lampu meja | [lampu medʒʲa] |
| candeeiro (m) de parede | lampu dinding | [lampu dindiŋ] |

| candeeiro (m) de pé | lampu lantai | [lampu lantaj] |
| lustre (m) | lampu bercabang | [lampu bərtʃabaŋ] |

pé (de mesa, etc.)	kaki	[kaki]
braço (m)	lengan	[leŋan]
costas (f pl)	sandaran	[sandaran]
gaveta (f)	laci	[latʃi]

65. Quarto de dormir

roupa (f) de cama	kain kasur	[kain kasur]
almofada (f)	bantal	[bantal]
fronha (f)	sarung bantal	[saruŋ bantal]
cobertor (m)	selimut	[selimut]
lençol (m)	seprai	[sepraj]
colcha (f)	selubung kasur	[selubuŋ kasur]

66. Cozinha

cozinha (f)	dapur	[dapur]
gás (m)	gas	[gas]
fogão (m) a gás	kompor gas	[kompor gas]
fogão (m) elétrico	kompor listrik	[kompor listriʔ]
forno (m)	oven	[oven]
forno (m) de micro-ondas	microwave	[majkrowav]
frigorífico (m)	lemari es, kulkas	[lemari es], [kulkas]
congelador (m)	lemari pembeku	[lemari pembeku]
máquina (f) de lavar louça	mesin pencuci piring	[mesin pentʃutʃi piriŋ]
moedor (m) de carne	alat pelumat daging	[alat pelumat dagiŋ]
espremedor (m)	mesin sari buah	[mesin sari buah]
torradeira (f)	alat pemanggang roti	[alat pemaŋgaŋ roti]
batedeira (f)	pencampur	[pentʃampur]
máquina (f) de café	mesin pembuat kopi	[mesin pembuat kopi]
cafeteira (f)	teko kopi	[teko kopi]
moinho (m) de café	mesin penggiling kopi	[mesin peŋgiliŋ kopi]
chaleira (f)	cerek	[tʃereʔ]
bule (m)	teko	[teko]
tampa (f)	tutup	[tutup]
coador (m) de chá	saringan teh	[sariŋan teh]
colher (f)	sendok	[sendoʔ]
colher (f) de chá	sendok teh	[sendoʔ teh]
colher (f) de sopa	sendok makan	[sendoʔ makan]
garfo (m)	garpu	[garpu]
faca (f)	pisau	[pisau]
louça (f)	piring mangkuk	[piriŋ maŋkuʔ]
prato (m)	piring	[piriŋ]
pires (m)	alas cangkir	[alas tʃaŋkir]
cálice (m)	seloki	[seloki]
copo (m)	gelas	[gelas]
chávena (f)	cangkir	[tʃaŋkir]
açucareiro (m)	wadah gula	[wadah gula]
saleiro (m)	wadah garam	[wadah garam]
pimenteiro (m)	wadah merica	[wadah meritʃa]

manteigueira (f)	wadah mentega	[wadah mentega]
panela, caçarola (f)	panci	[pantʃi]
frigideira (f)	kuali	[kuali]
concha (f)	sudu	[sudu]
passador (m)	saringan	[cariŋan]
bandeja (f)	talam	[talam]
garrafa (f)	botol	[botol]
boião (m) de vidro	gelas	[gelas]
lata (f)	kaleng	[kaleŋ]
abre-garrafas (m)	pembuka botol	[pembuka botol]
abre-latas (m)	pembuka kaleng	[pembuka kaleŋ]
saca-rolhas (m)	kotrek	[kotreʔ]
filtro (m)	saringan	[cariŋan]
filtrar (vt)	saringan	[cariŋan]
lixo (m)	sampah	[sampah]
balde (m) do lixo	tong sampah	[toŋ sampah]

67. Casa de banho

quarto (m) de banho	kamar mandi	[kamar mandi]
água (f)	air	[air]
torneira (f)	keran	[keran]
água (f) quente	air panas	[air panas]
água (f) fria	air dingin	[air diŋin]
pasta (f) de dentes	pasta gigi	[pasta gigi]
escovar os dentes	menggosok gigi	[məŋgosoʔ gigi]
escova (f) de dentes	sikat gigi	[sikat gigi]
barbear-se (vr)	bercukur	[bərtʃukur]
espuma (f) de barbear	busa cukur	[busa tʃukur]
máquina (f) de barbear	pisau cukur	[pisau tʃukur]
lavar (vt)	mencuci	[məntʃutʃi]
lavar-se (vr)	mandi	[mandi]
duche (m)	pancuran	[pantʃuran]
tomar um duche	mandi pancuran	[mandi pantʃuran]
banheira (f)	bak mandi	[baʔ mandi]
sanita (f)	kloset	[kloset]
lavatório (m)	wastafel	[wastafel]
sabonete (m)	sabun	[sabun]
saboneteira (f)	wadah sabun	[wadah sabun]
esponja (f)	spons	[spons]
champô (m)	sampo	[sampo]
toalha (f)	handuk	[handuʔ]
roupão (m) de banho	jubah mandi	[dʒʲubah mandi]
lavagem (f)	pencucian	[pəntʃutʃian]
máquina (f) de lavar	mesin cuci	[mesin tʃutʃi]

| lavar a roupa | mencuci | [mənt͡ʃut͡ʃi] |
| detergente (m) | deterjen cuci | [deterdʒʲen t͡ʃut͡ʃi] |

68. Eletrodomésticos

televisor (m)	pesawat TV	[pesawat ti-vi]
gravador (m)	alat perekam	[alat pərekam]
videogravador (m)	video, VCR	[vidio], [vi-si-er]
rádio (m)	radio	[radio]
leitor (m)	pemutar	[pemutar]

projetor (m)	proyektor video	[proektor video]
cinema (m) em casa	bioskop rumah	[bioskop rumah]
leitor (m) de DVD	pemutar DVD	[pemutar di-vi-di]
amplificador (m)	penguat	[peŋuat]
console (f) de jogos	konsol permainan video	[konsol pərmajnan video]

câmara (f) de vídeo	kamera video	[kamera video]
máquina (f) fotográfica	kamera	[kamera]
câmara (f) digital	kamera digital	[kamera digital]

aspirador (m)	pengisap debu	[peɲisap debu]
ferro (m) de engomar	setrika	[setrika]
tábua (f) de engomar	papan setrika	[papan setrika]

telefone (m)	telepon	[telepon]
telemóvel (m)	ponsel	[ponsel]
máquina (f) de escrever	mesin ketik	[mesin ketiʔ]
máquina (f) de costura	mesin jahit	[mesin dʒʲahit]

microfone (m)	mikrofon	[mikrofon]
auscultadores (m pl)	headphone, fonkepala	[headphone], [fonkepala]
controlo remoto (m)	panel kendali	[panel kendali]

CD (m)	cakram kompak	[t͡ʃakram kompaʔ]
cassete (f)	kaset	[kaset]
disco (m) de vinil	piringan hitam	[piriŋan hitam]

ATIVIDADES HUMANAS

Emprego. Negócios. Parte 1

69. Escritório. O trabalho no escritório

escritório (~ de advogados)	kantor	[kantor]
escritório (do diretor, etc.)	ruang kerja	[ruaŋ kerdʒʲa]
receção (f)	resepsionis kantor	[resepsionis kantor]
secretário (m)	sekretaris	[sekretaris]
secretária (f)	sekretaris	[sekretaris]
diretor (m)	direktur	[direktur]
gerente (m)	manajer	[manadʒʲer]
contabilista (m)	akuntan	[akuntan]
empregado (m)	karyawan	[karjawan]
mobiliário (m)	mebel	[mebel]
mesa (f)	meja	[medʒʲa]
cadeira (f)	kursi malas	[kursi malas]
bloco (m) de gavetas	meja samping ranjang	[medʒʲa sampiŋ randʒʲaŋ]
cabide (m) de pé	kapstok berdiri	[kapsto' bərdiri]
computador (m)	komputer	[komputer]
impressora (f)	printer, pencetak	[printer], [pentʃeta']
fax (m)	mesin faks	[mesin faks]
fotocopiadora (f)	mesin fotokopi	[mesin fotokopi]
papel (m)	kertas	[kertas]
artigos (m pl) de escritório	alat tulis kantor	[alat tulis kantor]
tapete (m) de rato	bantal tetikus	[bantal tetikus]
folha (f) de papel	lembar	[lembar]
pasta (f)	map	[map]
catálogo (m)	katalog	[katalog]
diretório (f) telefónico	buku telepon	[buku telepon]
documentação (f)	dokumentasi	[dokumentasi]
brochura (f)	brosur	[brosur]
flyer (m)	selebaran	[selebaran]
amostra (f)	sampel, contoh	[sampel], [tʃontoh]
formação (f)	latihan	[latihan]
reunião (f)	rapat	[rapat]
hora (f) de almoço	waktu makan siang	[waktu makan siaŋ]
fazer uma cópia	membuat salinan	[membuat salinan]
tirar cópias	memperbanyak	[memperbanja']
receber um fax	menerima faks	[mənerima faks]
enviar um fax	mengirim faks	[məŋirim faks]

fazer uma chamada	menelepon	[mənelepon]
responder (vt)	menjawab	[məndʒʲawab]
passar (vt)	menyambungkan	[mənjambuŋkan]
marcar (vt)	menetapkan	[mənetapkan]
demonstrar (vt)	memeragakan	[memeragakan]
estar ausente	absen, tidak hadir	[absen], [tidaʔ hadir]
ausência (f)	absensi, ketidakhadiran	[absensi], [ketidahadiran]

70. Processos negociais. Parte 1

negócio (m)	bisnis	[bisnis]
ocupação (f)	urusan	[urusan]
firma, empresa (f)	firma	[firma]
companhia (f)	maskapai	[maskapaj]
corporação (f)	korporasi	[korporasi]
empresa (f)	perusahaan	[pərusahaʔan]
agência (f)	biro, kantor	[biro], [kantor]
acordo (documento)	perjanjian	[pərdʒʲandʒian]
contrato (m)	kontrak	[kontraʔ]
acordo (transação)	transaksi	[transaksi]
encomenda (f)	pesanan	[pesanan]
cláusulas (f pl), termos (m pl)	syarat	[ʃarat]
por grosso (adv)	grosir	[grosir]
por grosso (adj)	grosir	[grosir]
venda (f) por grosso	penjualan grosir	[pendʒʲualan grosir]
a retalho	eceran	[etʃeran]
venda (f) a retalho	pengeceran	[peŋetʃeran]
concorrente (m)	kompetitor, pesaing	[kompetitor], [pesajŋ]
concorrência (f)	kompetisi, persaingan	[kompetisi], [pərsajŋan]
competir (vi)	bersaing	[bərsajŋ]
sócio (m)	mitra	[mitra]
parceria (f)	kemitraan	[kemitraʔan]
crise (f)	krisis	[krisis]
bancarrota (f)	kebangkrutan	[kebaŋkrutan]
entrar em falência	jatuh bangkrut	[dʒʲatuh baŋkrut]
dificuldade (f)	kesukaran	[kesukaran]
problema (m)	masalah	[masalah]
catástrofe (f)	gagal total	[gagal total]
economia (f)	ekonomi	[ekonomi]
económico	ekonomi	[ekonomi]
recessão (f) económica	resesi ekonomi	[resesi ekonomi]
objetivo (m)	tujuan	[tudʒʲuan]
tarefa (f)	tugas	[tugas]
comerciar (vi, vt)	berdagang	[bərdagaŋ]
rede (de distribuição)	jaringan	[dʒʲariŋan]

estoque (m)	inventaris	[inventaris]
sortimento (m)	penyortiran	[penjortiran]
líder (m)	pemimpin	[pemimpin]
grande (~ empresa)	besar	[besar]
monopólio (m)	monopoli	[monopoli]
teoria (f)	teori	[teori]
prática (f)	praktik	[prakti']
experiência (falar por ~)	pengalaman	[peŋalaman]
tendência (f)	tendensi	[tendensi]
desenvolvimento (m)	perkembangan	[pərkembaŋan]

71. Processos negociais. Parte 2

rentabilidade (f)	keuntungan	[keuntuŋan]
rentável	menguntungkan	[məŋuntuŋkan]
delegação (f)	delegasi	[delegasi]
salário, ordenado (m)	gaji, upah	[gadʒi], [upah]
corrigir (um erro)	mengoreksi	[məŋoreksi]
viagem (f) de negócios	perjalanan dinas	[pərdʒ'alanan dinas]
comissão (f)	panitia	[panitia]
controlar (vt)	mengontrol	[məŋontrol]
conferência (f)	konferensi	[konferensi]
licença (f)	lisensi, izin	[lisensi], [izin]
confiável	yang bisa dipercaya	[yaŋ bisa dipertʃaja]
empreendimento (m)	inisiatif	[inisiatif]
norma (f)	norma	[norma]
circunstância (f)	keadaan sekitar	[keada'an sekitar]
dever (m)	tugas	[tugas]
empresa (f)	organisasi	[organisasi]
organização (f)	pengurusan	[peŋurusan]
organizado	terurus	[tərurus]
anulação (f)	pembatalan	[pembatalan]
anular, cancelar (vt)	membatalkan	[membatalkan]
relatório (m)	laporan	[laporan]
patente (f)	paten	[paten]
patentear (vt)	mematenkan	[mematenkan]
planear (vt)	merencanakan	[merentʃanakan]
prémio (m)	bonus	[bonus]
profissional	profesional	[profesional]
procedimento (m)	prosedur	[prosedur]
examinar (a questão)	mempertimbangkan	[mempertimbaŋkan]
cálculo (m)	perhitungan	[pərhituŋan]
reputação (f)	reputasi	[reputasi]
risco (m)	risiko	[risiko]
dirigir (~ uma empresa)	memimpin	[memimpin]

informação (f)	data, informasi	[data], [informasi]
propriedade (f)	milik	[miliʔ]
união (f)	persatuan, serikat	[pərsatuan], [serikat]

seguro (m) de vida	asuransi jiwa	[asuransi dʒiwa]
fazer um seguro	mengasuransikan	[məŋasuransikan]
seguro (m)	asuransi	[asuransi]

leilão (m)	lelang	[lelaŋ]
notificar (vt)	memberitahu	[memberitahu]
gestão (f)	manajemen	[manadʒʲemen]
serviço (indústria de ~s)	jasa	[dʒʲasa]

fórum (m)	forum	[forum]
funcionar (vi)	berfungsi	[bərfuŋsi]
estágio (m)	tahap	[tahap]
jurídico	hukum	[hukum]
jurista (m)	ahli hukum	[ahli hukum]

72. Produção. Trabalhos

usina (f)	pabrik	[pabriʔ]
fábrica (f)	pabrik	[pabriʔ]
oficina (f)	bengkel	[beŋkel]
local (m) de produção	perusahaan	[pərusahaʔan]

indústria (f)	industri	[industri]
industrial	industri	[industri]
indústria (f) pesada	industri berat	[industri bərat]
indústria (f) ligeira	industri ringan	[industri riŋan]

produção (f)	produksi	[produksi]
produzir (vt)	memproduksi	[memproduksi]
matérias-primas (f pl)	bahan baku	[bahan baku]

chefe (m) de brigada	mandor	[mandor]
brigada (f)	regu pekerja	[regu pekerdʒʲa]
operário (m)	buruh, pekerja	[buruh], [pekerdʒʲa]

dia (m) de trabalho	hari kerja	[hari kerdʒʲa]
pausa (f)	perhentian	[pərhentian]
reunião (f)	rapat	[rapat]
discutir (vt)	membicarakan	[membitʃarakan]

plano (m)	rencana	[rentʃana]
cumprir o plano	melaksanakan rencana	[melaksanakan rentʃana]
taxa (f) de produção	kecepatan produksi	[ketʃepatan produksi]
qualidade (f)	kualitas, mutu	[kualitas], [mutu]
controlo (m)	kontrol, kendali	[kontrol], [kendali]
controlo (m) da qualidade	kendali mutu	[kendali mutu]

segurança (f) no trabalho	keselamatan kerja	[keselamatan kerdʒʲa]
disciplina (f)	disiplin	[disiplin]
infração (f)	pelanggaran	[pelaŋgaran]

violar (as regras)	melanggar	[melaŋgar]
greve (f)	pemogokan	[pemogokan]
grevista (m)	pemogok	[pemogoʔ]
estar em greve	mogok	[mogoʔ]
sindicato (m)	serikat pekerja	[serikat pekerdʒʲa]
inventar (vt)	menemukan	[mənemukan]
invenção (f)	penemuan	[penemuan]
pesquisa (f)	riset, penelitian	[riset], [penelitian]
melhorar (vt)	memperbaiki	[memperbajki]
tecnologia (f)	teknologi	[teknologi]
desenho (m) técnico	gambar teknik	[gambar tekniʔ]
carga (f)	muatan	[muatan]
carregador (m)	kuli	[kuli]
carregar (vt)	memuat	[memuat]
carregamento (m)	pemuatan	[pemuatan]
descarregar (vt)	membongkar	[memboŋkar]
descarga (f)	pembongkaran	[memboŋkaran]
transporte (m)	transportasi, angkutan	[transportasi], [aŋkutan]
companhia (f) de transporte	perusahaan transportasi	[pərusahaʔan transportasi]
transportar (vt)	mengangkut	[məŋaŋkut]
vagão (m) de carga	gerbong barang	[gerboŋ baraŋ]
cisterna (f)	tangki	[taŋki]
camião (m)	truk	[truʔ]
máquina-ferramenta (f)	mesin	[mesin]
mecanismo (m)	mekanisme	[mekanisme]
resíduos (m pl) industriais	limbah industri	[limbah industri]
embalagem (f)	pengemasan	[peŋemasan]
embalar (vt)	mengemas	[məŋemas]

73. Contrato. Acordo

contrato (m)	kontrak	[kontraʔ]
acordo (m)	perjanjian	[pərdʒʲandʒian]
adenda (f), anexo (m)	lampiran	[lampiran]
assinar o contrato	menandatangani kontrak	[mənandataŋani kontraʔ]
assinatura (f)	tanda tangan	[tanda taŋan]
assinar (vt)	menandatangani	[mənandataŋani]
carimbo (m)	cap	[t͡ʃap]
objeto (m) do contrato	subjek perjanjian	[subdʒʲeʔ pərdʒʲandʒian]
cláusula (f)	ayat, pasal	[ajat], [pasal]
partes (f pl)	pihak	[pihaʔ]
morada (f) jurídica	alamat sah	[alamat sah]
violar o contrato	melanggar kontrak	[melaŋgar kontraʔ]
obrigação (f)	komitmen, kewajiban	[komitmen], [kewadʒiban]
responsabilidade (f)	tanggung jawab	[taŋguŋ dʒʲawab]

força (f) maior	keadaan kahar	[keada'an kahar]
litígio (m), disputa (f)	sengketa	[seŋketa]
multas (f pl)	sanksi, penalti	[sanksi], [penalti]

74. Importação & Exportação

importação (f)	impor	[impor]
importador (m)	importir	[importir]
importar (vt)	mengimpor	[məŋimpor]
de importação	impor	[impor]
exportação (f)	ekspor	[ekspor]
exportador (m)	eksportir	[eksportir]
exportar (vt)	mengekspor	[məŋekspor]
de exportação	ekspor	[ekspor]
mercadoria (f)	barang dagangan	[baraŋ dagaŋan]
lote (de mercadorias)	partai	[partaj]
peso (m)	berat	[berat]
volume (m)	volume, isi	[volume], [isi]
metro (m) cúbico	meter kubik	[meter kubiʔ]
produtor (m)	produsen	[produsen]
companhia (f) de transporte	perusahaan transportasi	[pərusaha'an transportasi]
contentor (m)	peti kemas	[peti kemas]
fronteira (f)	perbatasan	[pərbatasan]
alfândega (f)	pabean	[pabean]
taxa (f) alfandegária	bea cukai	[bea t͡ʃukaj]
funcionário (m) da alfândega	petugas pabean	[petugas pabean]
contrabando (atividade)	penyelundupan	[penjelundupan]
contrabando (produtos)	barang-barang selundupan	[baraŋ-baraŋ selundupan]

75. Finanças

ação (f)	saham	[saham]
obrigação (f)	obligasi	[obligasi]
nota (f) promissória	wesel	[wesel]
bolsa (f)	bursa efek	[bursa efeʔ]
cotação (m) das ações	kurs saham	[kurs saham]
tornar-se mais barato	menjadi murah	[mənd͡ʒadi murah]
tornar-se mais caro	menjadi mahal	[mənd͡ʒadi mahal]
parte (f)	kepemilikan saham	[kepemilikan saham]
participação (f) maioritária	mayoritas saham	[majoritas saham]
investimento (m)	investasi	[investasi]
investir (vt)	berinvestasi	[bərinvestasi]
percentagem (f)	persen	[pərsen]

juros (m pl)	suku bunga	[suku buŋa]
lucro (m)	profit, untung	[profit], [untuŋ]
lucrativo	beruntung	[bəruntuŋ]
imposto (m)	pajak	[padʒˈaʔ]
divisa (f)	valas	[valas]
nacional	nasional	[nasional]
câmbio (m)	pertukaran	[pərtukaran]
contabilista (m)	akuntan	[akuntan]
contabilidade (f)	akuntansi	[akuntansi]
bancarrota (f)	kebangkrutan	[kebaŋkrutan]
falência (f)	keruntuhan	[keruntuhan]
ruína (f)	kebangkrutan	[kebaŋkrutan]
arruinar-se (vr)	bangkrut	[baŋkrut]
inflação (f)	inflasi	[inflasi]
desvalorização (f)	devaluasi	[devaluasi]
capital (m)	modal	[modal]
rendimento (m)	pendapatan	[pendapatan]
volume (m) de negócios	omzet	[omzet]
recursos (m pl)	sumber daya	[sumber daja]
recursos (m pl) financeiros	dana	[dana]
despesas (f pl) gerais	beaya umum	[beaja umum]
reduzir (vt)	mengurangi	[məŋuraŋi]

76. Marketing

marketing (m)	pemasaran	[pemasaran]
mercado (m)	pasar	[pasar]
segmento (m) do mercado	segmen pasar	[segmen pasar]
produto (m)	produk	[produʔ]
mercadoria (f)	barang dagangan	[baraŋ dagaŋan]
marca (f)	merek	[mereʔ]
marca (f) comercial	merek dagang	[mereʔ dagaŋ]
logotipo (m)	logo dagang	[logo dagaŋ]
logo (m)	logo	[logo]
demanda (f)	permintaan	[pərmintaʔan]
oferta (f)	penawaran	[penawaran]
necessidade (f)	kebutuhan	[kebutuhan]
consumidor (m)	konsumen	[konsumen]
análise (f)	analisis	[analisis]
analisar (vt)	menganalisis	[məŋanalisis]
posicionamento (m)	pemosisian	[pemosisian]
posicionar (vt)	memosisikan	[memosisikan]
preço (m)	harga	[harga]
política (f) de preços	politik harga	[politiʔ harga]
formação (f) de preços	penentuan harga	[penentuan harga]

77. Publicidade

publicidade (f)	iklan	[iklan]
publicitar (vt)	mengiklankan	[məŋiklankan]
orçamento (m)	anggaran belanja	[aŋgaran belandʒʲa]
anúncio (m) publicitário	iklan	[iklan]
publicidade (f) televisiva	iklan TV	[iklan ti-vi]
publicidade (f) na rádio	iklan radio	[iklan radio]
publicidade (f) exterior	iklan luar ruangan	[iklan luar ruaŋan]
comunicação (f) de massa	media massa	[media massa]
periódico (m)	terbitan berkala	[tərbitan bərkala]
imagem (f)	citra	[tʃitra]
slogan (m)	slogan, semboyan	[slogan], [semboyan]
mote (m), divisa (f)	moto	[moto]
campanha (f)	kampanye	[kampanje]
companha (f) publicitária	kampanye iklan	[kampanje iklan]
grupo (m) alvo	khalayak sasaran	[halaja' sasaran]
cartão (m) de visita	kartu nama	[kartu nama]
flyer (m)	selebaran	[selebaran]
brochura (f)	brosur	[brosur]
folheto (m)	pamflet	[pamflet]
boletim (~ informativo)	buletin	[buletin]
letreiro (m)	papan nama	[papan nama]
cartaz, póster (m)	poster	[poster]
painel (m) publicitário	papan iklan	[papan iklan]

78. Banca

banco (m)	bank	[banʔ]
sucursal, balcão (f)	cabang	[tʃabaŋ]
consultor (m)	konsultan	[konsultan]
gerente (m)	manajer	[manadʒʲer]
conta (f)	rekening	[rekeniŋ]
número (m) da conta	nomor rekening	[nomor rekeniŋ]
conta (f) corrente	rekening koran	[rekeniŋ koran]
conta (f) poupança	rekening simpanan	[rekeniŋ simpanan]
abrir uma conta	membuka rekening	[membuka rekeniŋ]
fechar uma conta	menutup rekening	[mənutup rekeniŋ]
depositar na conta	memasukkan ke rekening	[memasuʔkan ke rekeniŋ]
levantar (vt)	menarik uang	[mənariʔ uaŋ]
depósito (m)	deposito	[deposito]
fazer um depósito	melakukan setoran	[melakukan setoran]
transferência (f) bancária	transfer kawat	[transfer kawat]

transferir (vt)	mentransfer	[məntransfer]
soma (f)	jumlah	[dʒʲumlah]
Quanto?	Berapa?	[bərapa?]

| assinatura (f) | tanda tangan | [tanda taŋan] |
| assinar (vt) | menandatangani | [mənandataŋani] |

cartão (m) de crédito	kartu kredit	[kartu kredit]
código (m)	kode	[kode]
número (m) do cartão de crédito	nomor kartu kredit	[nomor kartu kredit]
Caixa Multibanco (m)	Anjungan Tunai Mandiri, ATM	[andʒʲuŋan tunaj mandiri], [a-te-em]

cheque (m)	cek	[tʃeʔ]
passar um cheque	menulis cek	[mənulis tʃeʔ]
livro (m) de cheques	buku cek	[buku tʃeʔ]

empréstimo (m)	kredit, pinjaman	[kredit], [pindʒʲaman]
pedir um empréstimo	meminta kredit	[məminta kredit]
obter um empréstimo	mendapatkan kredit	[məndapatkan kredit]
conceder um empréstimo	memberikan kredit	[məmberikan kredit]
garantia (f)	jaminan	[dʒʲaminan]

79. Telefone. Conversação telefónica

telefone (m)	telepon	[telepon]
telemóvel (m)	ponsel	[ponsel]
secretária (f) electrónica	mesin penjawab panggilan	[mesin pendʒʲawab paŋgilan]

| fazer uma chamada | menelepon | [mənelepon] |
| chamada (f) | panggilan telepon | [paŋgilan telepon] |

marcar um número	memutar nomor telepon	[memutar nomor telepon]
Alô!	Halo!	[halo!]
perguntar (vt)	bertanya	[bərtanja]
responder (vt)	menjawab	[məndʒʲawab]

ouvir (vt)	mendengar	[məndeŋar]
bem	baik	[bajʔ]
mal	buruk, jelek	[buruk], [dʒʲeleʔ]
ruído (m)	bising, gangguan	[bisiŋ], [gaŋguan]

auscultador (m)	gagang	[gagaŋ]
pegar o telefone	mengangkat telepon	[məŋaŋkat telepon]
desligar (vi)	menutup telepon	[mənutup telepon]

ocupado	sibuk	[sibuʔ]
tocar (vi)	berdering	[bərderiŋ]
lista (f) telefónica	buku telepon	[buku telepon]

local	lokal	[lokal]
chamada (f) local	panggilan lokal	[paŋgilan lokal]
de longa distância	interlokal	[interlokal]

chamada (f) de longa distância	panggilan interlokal	[paŋgilan interlokal]
internacional	internasional	[internasional]
chamada (f) internacional	panggilan internasional	[paŋgilan internasional]

80. Telefone móvel

telemóvel (m)	ponsel	[ponsel]
ecrã (m)	layar	[lajar]
botão (m)	kenop	[kenop]
cartão SIM (m)	kartu SIM	[kartu sim]
bateria (f)	baterai	[bateraj]
descarregar-se	mati	[mati]
carregador (m)	pengisi baterai, pengecas	[peɲisi bateraj], [peɲetʃas]
menu (m)	menu	[menu]
definições (f pl)	penyetelan	[penjetelan]
melodia (f)	nada panggil	[nada paŋgil]
escolher (vt)	memilih	[memilih]
calculadora (f)	kalkulator	[kalkulator]
correio (m) de voz	penjawab telepon	[pendʒawab telepon]
despertador (m)	weker	[weker]
contatos (m pl)	buku telepon	[buku telepon]
mensagem (f) de texto	pesan singkat	[pesan siŋkat]
assinante (m)	pelanggan	[pelaŋgan]

81. Estacionário

caneta (f)	bolpen	[bolpen]
caneta (f) tinteiro	pena celup	[pena tʃelup]
lápis (m)	pensil	[pensil]
marcador (m)	spidol	[spidol]
caneta (f) de feltro	spidol	[spidol]
bloco (m) de notas	buku catatan	[buku tʃatatan]
agenda (f)	agenda	[agenda]
régua (f)	mistar, penggaris	[mistar], [peŋgaris]
calculadora (f)	kalkulator	[kalkulator]
borracha (f)	karet penghapus	[karet peɲhapus]
pionés (m)	paku payung	[paku pajuŋ]
clipe (m)	penjepit kertas	[pendʒepit kertas]
cola (f)	lem	[lem]
agrafador (m)	stapler	[stapler]
furador (m)	alat pelubang kertas	[alat pelubaŋ kertas]
afia-lápis (m)	rautan pensil	[rautan pensil]

82. Tipos de negócios

serviços (m pl) de contabilidade	jasa akuntansi	[dʒ¹asa akuntansi]
publicidade (f)	periklanan	[pəriklanan]
agência (f) de publicidade	biro periklanan	[biro pəriklanan]
ar (m) condicionado	penyejuk udara	[penjedʒ¹u' udara]
companhia (f) aérea	maskapai penerbangan	[maskapaj penerbaŋan]
bebidas (f pl) alcoólicas	minuman beralkohol	[minuman bəralkohol]
comércio (m) de antiguidades	antikuariat	[antikuariat]
galeria (f) de arte	galeri seni	[galeri seni]
serviços (m pl) de auditoria	jasa audit	[dʒ¹asa audit]
negócios (m pl) bancários	industri perbankan	[industri pərbankan]
bar (m)	bar	[bar]
salão (m) de beleza	salon kecantikan	[salon ketʃantikan]
livraria (f)	toko buku	[toko buku]
cervejaria (f)	pabrik bir	[pabri' bir]
centro (m) de escritórios	pusat bisnis	[pusat bisnis]
escola (f) de negócios	sekolah bisnis	[sekolah bisnis]
casino (m)	kasino	[kasino]
construção (f)	pembangunan	[pembaŋunan]
serviços (m pl) de consultoria	jasa konsultasi	[dʒ¹asa konsultasi]
estomatologia (f)	klinik gigi	[klini' gigi]
design (m)	desain	[desajn]
farmácia (f)	apotek, toko obat	[apotek], [toko obat]
lavandaria (f)	penatu kimia	[penatu kimia]
agência (f) de emprego	biro tenaga kerja	[biro tenaga kerdʒ¹a]
serviços (m pl) financeiros	jasa finansial	[dʒ¹asa finansial]
alimentos (m pl)	produk makanan	[produ' makanan]
agência (f) funerária	rumah duka	[rumah duka]
mobiliário (m)	mebel	[mebel]
roupa (f)	pakaian, busana	[pakajan], [busana]
hotel (m)	hotel	[hotel]
gelado (m)	es krim	[es krim]
indústria (f)	industri	[industri]
seguro (m)	asuransi	[asuransi]
internet (f)	Internet	[internet]
investimento (m)	investasi	[investasi]
joalheiro (m)	tukang perhiasan	[tukaŋ pərhiasan]
joias (f pl)	perhiasan	[pərhiasan]
lavandaria (f)	penatu	[penatu]
serviços (m pl) jurídicos	penasihat hukum	[penasihat hukum]
indústria (f) ligeira	industri ringan	[industri riŋan]
revista (f)	majalah	[madʒ¹alah]
vendas (f pl) por catálogo	perniagaan pesanan pos	[pərniaga'an pesanan pos]
medicina (f)	kedokteran	[kedokteran]
cinema (m)	bioskop	[bioskop]

museu (m)	museum	[museum]
agência (f) de notícias	kantor berita	[kantor berita]
jornal (m)	koran	[koran]
clube (m) noturno	klub malam	[klub malam]
petróleo (m)	petroleum, minyak	[petroleum], [minjaʔ]
serviço (m) de encomendas	jasa kurir	[dʒʲasa kurir]
indústria (f) farmacêutica	farmasi	[farmasi]
poligrafia (f)	percetakan	[pərtʃetakan]
editora (f)	penerbit	[penerbit]
rádio (m)	radio	[radio]
imobiliário (m)	properti, lahan yasan	[properti], [lahan yasan]
restaurante (m)	restoran	[restoran]
empresa (f) de segurança	biro keamanan	[biro keamanan]
desporto (m)	olahraga	[olahraga]
bolsa (f)	bursa efek	[bursa efeʔ]
loja (f)	toko	[toko]
supermercado (m)	pasar swalayan	[pasar swalajan]
piscina (f)	kolam renang	[kolam renaŋ]
alfaiataria (f)	rumah jahit	[rumah dʒʲahit]
televisão (f)	televisi	[televisi]
teatro (m)	teater	[teater]
comércio (atividade)	perdagangan	[pərdagaŋan]
serviços (m pl) de transporte	transportasi, angkutan	[transportasi], [aŋkutan]
viagens (f pl)	pariwisata	[pariwisata]
veterinário (m)	dokter hewan	[dokter hewan]
armazém (m)	gudang	[gudaŋ]
recolha (f) do lixo	pemungutan sampah	[pemuŋutan sampah]

Emprego. Negócios. Parte 2

83. Espetáculo. Feira

feira (f)	pameran	[pameran]
feira (f) comercial	pameran perdagangan	[pameran pərdagaŋan]
participação (f)	partisipasi	[partisipasi]
participar (vi)	turut serta	[turut serta]
participante (m)	partisipan, peserta	[partisipan], [peserta]
diretor (m)	direktur	[direktur]
direção (f)	biro penyelenggara kegiatan	[biro penelεŋgara kegiatan]
organizador (m)	penyelenggara	[penjeleŋgara]
organizar (vt)	menyelenggarakan	[mənjeleŋgarakan]
ficha (f) de inscrição	formulir keikutsertaan	[formulir keikutserta'an]
preencher (vt)	mengisi	[məɲisi]
detalhes (m pl)	detail	[detajl]
informação (f)	informasi	[informasi]
preço (m)	harga	[harga]
incluindo	termasuk	[tərmasu']
incluir (vt)	mencakup	[məntʃakup]
pagar (vt)	membayar	[membajar]
taxa (f) de inscrição	biaya pendaftaran	[biaja pendaftaran]
entrada (f)	masuk	[masu']
pavilhão (m)	paviliun	[paviliun]
inscrever (vt)	mendaftar	[mendaftar]
crachá (m)	label identitas	[label identitas]
stand (m)	stand	[stand]
reservar (vt)	memesan	[memesan]
vitrina (f)	dagang layar kaca	[dagaŋ lajar katʃa]
foco, spot (m)	lampu	[lampu]
design (m)	desain	[desajn]
pôr, colocar (vt)	menempatkan	[mənempatkan]
ser colocado, -a	diletakkan	[dileta'kan]
distribuidor (m)	penyalur	[penjalur]
fornecedor (m)	penyuplai	[penyuplaj]
fornecer (vt)	menyuplai	[mənyuplaj]
país (m)	negara, negeri	[negara], [negeri]
estrangeiro	asing	[asiŋ]
produto (m)	produk	[produ']
associação (f)	asosiasi, perhimpunan	[asosiasi], [pərhimpunan]

sala (f) de conferências	gedung pertemuan	[gedoŋ pərtemuan]
congresso (m)	kongres	[koŋres]
concurso (m)	kontes	[kontes]
visitante (m)	pengunjung	[peŋundʒʲuŋ]
visitar (vt)	mendatangi	[məndataŋi]
cliente (m)	pelanggan	[pelaŋgan]

84. Ciência. Investigação. Cientistas

ciência (f)	ilmu	[ilmu]
científico	ilmiah	[ilmiah]
cientista (m)	ilmuwan	[ilmuwan]
teoria (f)	teori	[teori]
axioma (m)	aksioma	[aksioma]
análise (f)	analisis	[analisis]
analisar (vt)	menganalisis	[məŋanalisis]
argumento (m)	argumen	[argumen]
substância (f)	zat, bahan	[zat], [bahan]
hipótese (f)	hipotesis	[hipotesis]
dilema (m)	dilema	[dilema]
tese (f)	disertasi	[disertasi]
dogma (m)	dogma	[dogma]
doutrina (f)	doktrin	[doktrin]
pesquisa (f)	riset, penelitian	[riset], [penelitian]
pesquisar (vt)	penelitian	[penelitian]
teste (m)	pengujian	[peŋudʒian]
laboratório (m)	laboratorium	[laboratorium]
método (m)	metode	[metode]
molécula (f)	molekul	[molekul]
monitoramento (m)	pemonitoran	[pemonitoran]
descoberta (f)	penemuan	[penemuan]
postulado (m)	postulat	[postulat]
princípio (m)	prinsip	[prinsip]
prognóstico (previsão)	prakiraan	[prakira'an]
prognosticar (vt)	memprakirakan	[memprakirakan]
síntese (f)	sintesis	[sintesis]
tendência (f)	tendensi	[tendensi]
teorema (m)	teorema	[teorema]
ensinamentos (m pl)	ajaran	[adʒʲaran]
facto (m)	fakta	[fakta]
expedição (f)	ekspedisi	[ekspedisi]
experiência (f)	eksperimen	[eksperimen]
académico (m)	akademikus	[akademikus]
bacharel (m)	sarjana	[sardʒʲana]
doutor (m)	doktor	[doktor]

docente (m)	**Profesor Madya**	[profesor madja]
mestre (m)	**Master**	[master]
professor (m) catedrático	**profesor**	[profesor]

Profissões e ocupações

85. Procura de emprego. Demissão

trabalho (m)	kerja, pekerjaan	[kerdʒʲa], [pekerdʒʲa'an]
equipa (f)	staf, personalia	[staf], [pərsonalia]
pessoal (m)	staf, personel	[staf], [pərsonel]
carreira (f)	karier	[karier]
perspetivas (f pl)	perspektif	[pərspektif]
mestria (f)	keterampilan	[keterampilan]
seleção (f)	pilihan	[pilihan]
agência (f) de emprego	biro tenaga kerja	[biro tenaga kerdʒʲa]
CV, currículo (m)	resume	[resume]
entrevista (f) de emprego	wawancara kerja	[wawantʃara kerdʒʲa]
vaga (f)	lowongan	[lowoŋan]
salário (m)	gaji, upah	[gadʒi], [upah]
salário (m) fixo	gaji tetap	[gadʒi tetap]
pagamento (m)	bayaran	[bajaran]
posto (m)	jabatan	[dʒʲabatan]
dever (do empregado)	tugas	[tugas]
gama (f) de deveres	bidang tugas	[bidaŋ tugas]
ocupado	sibuk	[sibuʔ]
despedir, demitir (vt)	memecat	[memetʃat]
demissão (f)	pemecatan	[pemetʃatan]
desemprego (m)	pengangguran	[peŋaŋguran]
desempregado (m)	penggangur	[peŋgaŋgur]
reforma (f)	pensiun	[pensiun]
reformar-se	pensiun	[pensiun]

86. Gente de negócios

diretor (m)	direktur	[direktur]
gerente (m)	manajer	[manadʒʲer]
patrão, chefe (m)	bos, atasan	[bos], [atasan]
superior (m)	atasan	[atasan]
superiores (m pl)	atasan	[atasan]
presidente (m)	presiden	[presiden]
presidente (m) de direção	ketua, dirut	[ketua], [dirut]
substituto (m)	wakil	[wakil]
assistente (m)	asisten	[asisten]

secretário (m)	sekretaris	[sekretaris]
secretário (m) pessoal	asisten pribadi	[asisten pribadi]

homem (m) de negócios	pengusaha, pebisnis	[peŋusaha], [pebisnis]
empresário (m)	pengusaha	[peŋusaha]
fundador (m)	pendiri	[pendiri]
fundar (vt)	mendirikan	[məndirikan]

fundador, sócio (m)	pendiri	[pendiri]
parceiro, sócio (m)	mitra	[mitra]
acionista (m)	pemegang saham	[pemegaŋ saham]

milionário (m)	jutawan	[dʒʲutawan]
bilionário (m)	miliarder	[miliarder]
proprietário (m)	pemilik	[pemiliʔ]
proprietário (m) de terras	tuan tanah	[tuan tanah]

cliente (m)	klien	[klien]
cliente (m) habitual	klien tetap	[klien tetap]
comprador (m)	pembeli	[pembeli]
visitante (m)	tamu	[tamu]

profissional (m)	profesional	[profesional]
perito (m)	pakar, ahli	[pakar], [ahli]
especialista (m)	spesialis, ahli	[spesialis], [ahli]

banqueiro (m)	bankir	[bankir]
corretor (m)	broker, pialang	[broker], [pialaŋ]

caixa (m, f)	kasir	[kasir]
contabilista (m)	akuntan	[akuntan]
guarda (m)	satpam, pengawal	[satpam], [peŋawal]

investidor (m)	investor	[investor]
devedor (m)	debitur	[debitur]
credor (m)	kreditor	[kreditor]
mutuário (m)	peminjam	[pemindʒʲam]

importador (m)	importir	[importir]
exportador (m)	eksportir	[eksportir]

produtor (m)	produsen	[produsen]
distribuidor (m)	penyalur	[penjalur]
intermediário (m)	perantara	[perantara]

consultor (m)	konsultan	[konsultan]
representante (m)	perwakilan penjualan	[pərwakilan pendʒʲualan]
agente (m)	agen	[agen]
agente (m) de seguros	agen asuransi	[agen asuransi]

87. Profissões de serviços

cozinheiro (m)	koki, juru masak	[koki], [dʒʲuru masaʔ]
cozinheiro chefe (m)	koki kepala	[koki kepala]

padeiro (m)	pembuat roti	[pembuat roti]
barman (m)	pelayan bar	[pelajan bar]
empregado (m) de mesa	pelayan lelaki	[pelajan lelaki]
empregada (f) de mesa	pelayan perempuan	[pelajan pərempuan]
advogado (m)	advokat, pengacara	[advokat], [peɲatʃara]
jurista (m)	ahli hukum	[ahli hukum]
notário (m)	notaris	[notaris]
eletricista (m)	tukang listrik	[tukaŋ listriʔ]
canalizador (m)	tukang pipa	[tukaŋ pipa]
carpinteiro (m)	tukang kayu	[tukaŋ kaju]
massagista (m)	tukang pijat lelaki	[tukaŋ pidʒʲat lelaki]
massagista (f)	tukang pijat perempuan	[tukaŋ pidʒʲat pərempuan]
médico (m)	dokter	[dokter]
taxista (m)	sopir taksi	[sopir taksi]
condutor (automobilista)	sopir	[sopir]
entregador (m)	kurir	[kurir]
camareira (f)	pelayan kamar	[pelajan kamar]
guarda (m)	satpam, pengawal	[satpam], [peŋawal]
hospedeira (f) de bordo	pramugari	[pramugari]
professor (m)	guru	[guru]
bibliotecário (m)	pustakawan	[pustakawan]
tradutor (m)	penerjemah	[penerdʒʲemah]
intérprete (m)	juru bahasa	[dʒʲuru bahasa]
guia (pessoa)	pemandu wisata	[pemandu wisata]
cabeleireiro (m)	tukang cukur	[tukaŋ tʃukur]
carteiro (m)	tukang pos	[tukaŋ pos]
vendedor (m)	pramuniaga	[pramuniaga]
jardineiro (m)	tukang kebun	[tukaŋ kebun]
criado (m)	pramuwisma	[pramuwisma]
criada (f)	pramuwisma	[pramuwisma]
empregada (f) de limpeza	pembersih ruangan	[pembersih ruaŋan]

88. Profissões militares e postos

soldado (m) raso	prajurit	[pradʒʲurit]
sargento (m)	sersan	[sersan]
tenente (m)	letnan	[letnan]
capitão (m)	kapten	[kapten]
major (m)	mayor	[major]
coronel (m)	kolonel	[kolonel]
general (m)	jenderal	[dʒʲenderal]
marechal (m)	marsekal	[marsekal]
almirante (m)	laksamana	[laksamana]
militar (m)	anggota militer	[aŋgota militer]
soldado (m)	tentara, serdadu	[tentara], [serdadu]

oficial (m)	perwira	[pərwira]
comandante (m)	komandan	[komandan]
guarda (m) fronteiriço	penjaga perbatasan	[pendʒʲaga pərbatasan]
operador (m) de rádio	operator radio	[operator radio]
explorador (m)	pengintai	[peɲintaj]
sapador (m)	pencari ranjau	[pentʃari randʒʲau]
atirador (m)	petembak	[petembaʔ]
navegador (m)	navigator, penavigasi	[navigator], [penavigasi]

89. Oficiais. Padres

rei (m)	raja	[radʒʲa]
rainha (f)	ratu	[ratu]
príncipe (m)	pangeran	[paŋeran]
princesa (f)	putri	[putri]
czar (m)	tsar, raja	[tsar], [radʒʲa]
czarina (f)	tsarina, ratu	[tsarina], [ratu]
presidente (m)	presiden	[presiden]
ministro (m)	Menteri Sekretaris	[mənteri sekretaris]
primeiro-ministro (m)	perdana menteri	[pərdana menteri]
senador (m)	senator	[senator]
diplomata (m)	diplomat	[diplomat]
cônsul (m)	konsul	[konsul]
embaixador (m)	duta besar	[duta besar]
conselheiro (m)	penasihat	[penasihat]
funcionário (m)	petugas	[petugas]
prefeito (m)	prefek	[prefeʔ]
Presidente (m) da Câmara	walikota	[walikota]
juiz (m)	hakim	[hakim]
procurador (m)	kejaksaan negeri	[kedʒʲaksaʔan negeri]
missionário (m)	misionaris	[misionaris]
monge (m)	biarawan, rahib	[biarawan], [rahib]
abade (m)	abbas	[abbas]
rabino (m)	rabbi	[rabbi]
vizir (m)	wazir	[wazir]
xá (m)	syah	[ʃah]
xeque (m)	syeikh	[ʃejh]

90. Profissões agrícolas

apicultor (m)	peternak lebah	[peternaʔ lebah]
pastor (m)	penggembala	[peŋgembala]
agrónomo (m)	agronom	[agronom]

criador (m) de gado	peternak	[peterna?]
veterinário (m)	dokter hewan	[dokter hewan]
agricultor (m)	petani	[petani]
vinicultor (m)	pembuat anggur	[pembuat aŋgur]
zoólogo (m)	zoolog	[zoolog]
cowboy (m)	koboi	[koboi]

91. Profissões artísticas

ator (m)	aktor	[aktor]
atriz (f)	aktris	[aktris]
cantor (m)	biduan	[biduan]
cantora (f)	biduanita	[biduanita]
bailarino (m)	penari lelaki	[penari lelaki]
bailarina (f)	penari perempuan	[penari pərempuan]
artista (m)	artis	[artis]
artista (f)	artis	[artis]
músico (m)	musisi, musikus	[musisi], [musikus]
pianista (m)	pianis	[pianis]
guitarrista (m)	pemain gitar	[pemajn gitar]
maestro (m)	konduktor	[konduktor]
compositor (m)	komposer, komponis	[komposer], [komponis]
empresário (m)	impresario	[impresario]
realizador (m)	sutradara	[sutradara]
produtor (m)	produser	[produser]
argumentista (m)	penulis skenario	[penulis skenario]
crítico (m)	kritikus	[kritikus]
escritor (m)	penulis	[penulis]
poeta (m)	penyair	[penjajr]
escultor (m)	pematung	[pematuŋ]
pintor (m)	perupa	[pərupa]
malabarista (m)	juggler	[dʒʲuggler]
palhaço (m)	badut	[badut]
acrobata (m)	akrobat	[akrobat]
mágico (m)	pesulap	[pesulap]

92. Várias profissões

médico (m)	dokter	[dokter]
enfermeira (f)	suster, juru rawat	[suster], [dʒʲuru rawat]
psiquiatra (m)	psikiater	[psikiater]
estomatologista (m)	dokter gigi	[dokter gigi]
cirurgião (m)	dokter bedah	[dokter bedah]

astronauta (m)	astronaut	[astronaut]
astrónomo (m)	astronom	[astronom]
piloto (m)	pilot	[pilot]
motorista (m)	sopir	[sopir]
maquinista (m)	masinis	[masinis]
mecânico (m)	mekanik	[mekaniʔ]
mineiro (m)	penambang	[penambaŋ]
operário (m)	buruh, pekerja	[buruh], [pekerdʒʲa]
serralheiro (m)	tukang kikir	[tukaŋ kikir]
marceneiro (m)	tukang kayu	[tukaŋ kaju]
torneiro (m)	tukang bubut	[tukaŋ bubut]
construtor (m)	buruh bangunan	[buruh baŋunan]
soldador (m)	tukang las	[tukaŋ las]
professor (m) catedrático	profesor	[profesor]
arquiteto (m)	arsitek	[arsiteʔ]
historiador (m)	sejarawan	[sedʒʲarawan]
cientista (m)	ilmuwan	[ilmuwan]
físico (m)	fisikawan	[fisikawan]
químico (m)	kimiawan	[kimiawan]
arqueólogo (m)	arkeolog	[arkeolog]
geólogo (m)	geolog	[geolog]
pesquisador (cientista)	periset, peneliti	[pəriset], [peneliti]
babysitter (f)	pengasuh anak	[peŋasuh anaʔ]
professor (m)	guru, pendidik	[guru], [pendidiʔ]
redator (m)	editor, penyunting	[editor], [penyuntiŋ]
redator-chefe (m)	editor kepala	[editor kepala]
correspondente (m)	koresponden	[koresponden]
datilógrafa (f)	juru ketik	[dʒʲuru ketiʔ]
designer (m)	desainer, perancang	[desajner], [pərantʃaŋ]
especialista (m) em informática	ahli komputer	[ahli komputer]
programador (m)	pemrogram	[pemrogram]
engenheiro (m)	insinyur	[insinyur]
marujo (m)	pelaut	[pelaut]
marinheiro (m)	kelasi	[kelasi]
salvador (m)	penyelamat	[penjelamat]
bombeiro (m)	pemadam kebakaran	[pemadam kebakaran]
polícia (m)	polisi	[polisi]
guarda-noturno (m)	penjaga	[pendʒʲaga]
detetive (m)	detektif	[detektif]
funcionário (m) da alfândega	petugas pabean	[petugas pabean]
guarda-costas (m)	pengawal pribadi	[peŋawal pribadi]
guarda (m) prisional	sipir, penjaga penjara	[sipir], [pendʒʲaga pendʒʲara]
inspetor (m)	inspektur	[inspektur]
desportista (m)	olahragawan	[olahragawan]
treinador (m)	pelatih	[pelatih]

talhante (m)	tukang daging	[tukaŋ dagiŋ]
sapateiro (m)	tukang sepatu	[tukaŋ sepatu]
comerciante (m)	pedagang	[pedagaŋ]
carregador (m)	kuli	[kuli]
estilista (m)	perancang busana	[perantʃaŋ busana]
modelo (f)	peragawati	[peragawati]

93. Ocupações. Estatuto social

aluno, escolar (m)	siswa	[siswa]
estudante (~ universitária)	mahasiswa	[mahasiswa]
filósofo (m)	filsuf	[filsuf]
economista (m)	ahli ekonomi	[ahli ekonomi]
inventor (m)	penemu	[penemu]
desempregado (m)	pengganggur	[peŋgaŋgur]
reformado (m)	pensiunan	[pensiunan]
espião (m)	mata-mata	[mata-mata]
preso (m)	tahanan	[tahanan]
grevista (m)	pemogok	[pemogoʔ]
burocrata (m)	birokrat	[birokrat]
viajante (m)	pelancong	[pelantʃoŋ]
homossexual (m)	homo, homoseksual	[homo], [homoseksual]
hacker (m)	peretas	[peretas]
hippie	hipi	[hipi]
bandido (m)	bandit	[bandit]
assassino (m) a soldo	pembunuh bayaran	[pembunuh bajaran]
toxicodependente (m)	pecandu narkoba	[petʃandu narkoba]
traficante (m)	pengedar narkoba	[peŋedar narkoba]
prostituta (f)	pelacur	[pelatʃur]
chulo (m)	germo	[germo]
bruxo (m)	penyihir lelaki	[penjihir lelaki]
bruxa (f)	penyihir perempuan	[penjihir perempuan]
pirata (m)	bajak laut	[badʒ¡aʔ laut]
escravo (m)	budak	[budaʔ]
samurai (m)	samurai	[samuraj]
selvagem (m)	orang primitif	[oraŋ primitif]

Educação

94. Escola

escola (f)	sekolah	[sekolah]
diretor (m) de escola	kepala sekolah	[kepala sekolah]
aluno (m)	murid laki-laki	[murid laki-laki]
aluna (f)	murid perempuan	[murid perempuan]
escolar (m)	siswa	[siswa]
escolar (f)	siswi	[siswi]
ensinar (vt)	mengajar	[məŋadʒʲar]
aprender (vt)	belajar	[beladʒʲar]
aprender de cor	menghafalkan	[məŋhafalkan]
estudar (vi)	belajar	[beladʒʲar]
andar na escola	bersekolah	[bərsekolah]
ir à escola	ke sekolah	[ke sekolah]
alfabeto (m)	alfabet, abjad	[alfabet], [abdʒʲad]
disciplina (f)	subjek, mata pelajaran	[subdʒʲek], [mata peladʒʲaran]
sala (f) de aula	ruang kelas	[ruaŋ kelas]
lição (f)	pelajaran	[peladʒʲaran]
recreio (m)	waktu istirahat	[waktu istirahat]
toque (m)	lonceng	[lontʃeŋ]
carteira (f)	bangku sekolah	[baŋku sekolah]
quadro (m) negro	papan tulis hitam	[papan tulis hitam]
nota (f)	nilai	[nilaj]
boa nota (f)	nilai baik	[nilaj bajʔ]
nota (f) baixa	nilai jelek	[nilaj dʒʲeleʔ]
dar uma nota	memberikan nilai	[memberikan nilaj]
erro (m)	kesalahan	[kesalahan]
fazer erros	melakukan kesalahan	[melakukan kesalahan]
corrigir (vt)	mengoreksi	[məŋoreksi]
cábula (f)	contekan	[tʃontekan]
dever (m) de casa	pekerjaan rumah	[pekerdʒʲaʔan rumah]
exercício (m)	latihan	[latihan]
estar presente	hadir	[hadir]
estar ausente	absen, tidak hadir	[absen], [tidaʔ hadir]
faltar às aulas	absen dari sekolah	[absen dari sekolah]
punir (vt)	menghukum	[məŋhukum]
punição (f)	hukuman	[hukuman]
comportamento (m)	perilaku	[pərilaku]

boletim (m) escolar	rapor	[rapor]
lápis (m)	pensil	[pensil]
borracha (f)	karet penghapus	[karet peŋhapus]
giz (m)	kapur	[kapur]
estojo (m)	kotak pensil	[kota' pensil]
pasta (f) escolar	tas sekolah	[tas sekolah]
caneta (f)	pen	[pen]
caderno (m)	buku tulis	[buku tulis]
manual (m) escolar	buku pelajaran	[buku peladʒʲaran]
compasso (m)	paser, jangka	[paser], [dʒʲaŋka]
traçar (vt)	menggambar	[məŋgambar]
desenho (m) técnico	gambar teknik	[gambar tekniʔ]
poesia (f)	puisi, sajak	[puisi], [sadʒʲaʔ]
de cor	hafal	[hafal]
aprender de cor	menghafalkan	[məŋhafalkan]
férias (f pl)	liburan sekolah	[liburan sekolah]
estar de férias	berlibur	[bərlibur]
passar as férias	menjalani liburan	[məndʒʲalani liburan]
teste (m)	tes, kuis	[tes], [kuis]
composição, redação (f)	esai, karangan	[esaj], [karaŋan]
ditado (m)	dikte	[dikte]
exame (m)	ujian	[udʒian]
fazer exame	menempuh ujian	[mənempuh udʒian]
experiência (~ química)	eksperimen	[eksperimen]

95. Colégio. Universidade

academia (f)	akademi	[akademi]
universidade (f)	universitas	[universitas]
faculdade (f)	fakultas	[fakultas]
estudante (m)	mahasiswa	[mahasiswa]
estudante (f)	mahasiswi	[mahasiswi]
professor (m)	dosen	[dosen]
sala (f) de palestras	ruang kuliah	[ruaŋ kuliah]
graduado (m)	lulusan	[lulusan]
diploma (m)	ijazah	[idʒʲazah]
tese (f)	disertasi	[disertasi]
estudo (obra)	penelitian	[penelitian]
laboratório (m)	laboratorium	[laboratorium]
palestra (f)	kuliah	[kuliah]
colega (m) de curso	rekan sekuliah	[rekan sekuliah]
bolsa (f) de estudos	beasiswa	[beasiswa]
grau (m) académico	gelar akademik	[gelar akademiʔ]

96. Ciências. Disciplinas

matemática (f)	matematika	[matematika]
álgebra (f)	aljabar	[alʤabar]
geometria (f)	geometri	[geometri]
astronomia (f)	astronomi	[astronomi]
biologia (f)	biologi	[biologi]
geografia (f)	geografi	[geografi]
geologia (f)	geologi	[geologi]
história (f)	sejarah	[sedʒˈarah]
medicina (f)	kedokteran	[kedokteran]
pedagogia (f)	pedagogi	[pedagogi]
direito (m)	hukum	[hukum]
física (f)	fisika	[fisika]
química (f)	kimia	[kimia]
filosofia (f)	filsafat	[filsafat]
psicologia (f)	psikologi	[psikologi]

97. Sistema de escrita. Ortografia

gramática (f)	tatabahasa	[tatabahasa]
vocabulário (m)	kosakata	[kosakata]
fonética (f)	fonetik	[foneti']
substantivo (m)	nomina	[nomina]
adjetivo (m)	adjektiva	[adʒˈektiva]
verbo (m)	verba	[verba]
advérbio (m)	adverbia	[adverbia]
pronome (m)	kata ganti	[kata ganti]
interjeição (f)	kata seru	[kata seru]
preposição (f)	preposisi, kata depan	[preposisi], [kata depan]
raiz (f) da palavra	kata dasar	[kata dasar]
terminação (f)	akhiran	[ahiran]
prefixo (m)	prefiks, awalan	[prefiks], [awalan]
sílaba (f)	suku kata	[suku kata]
sufixo (m)	sufiks, akhiran	[sufiks], [ahiran]
acento (m)	tanda tekanan	[tanda tekanan]
apóstrofo (m)	apostrofi	[apostrofi]
ponto (m)	titik	[titi']
vírgula (f)	koma	[koma]
ponto e vírgula (m)	titik koma	[titi' koma]
dois pontos (m pl)	titik dua	[titi' dua]
reticências (f pl)	elipsis, lesapan	[elipsis], [lesapan]
ponto (m) de interrogação	tanda tanya	[tanda tanja]
ponto (m) de exclamação	tanda seru	[tanda seru]

aspas (f pl)	tanda petik	[tanda petiʔ]
entre aspas	dalam tanda petik	[dalam tanda petiʔ]
parênteses (m pl)	tanda kurung	[tanda kuruŋ]
entre parênteses	dalam tanda kurung	[dalam tanda kuruŋ]

hífen (m)	tanda pisah	[tanda pisah]
travessão (m)	tanda hubung	[tanda hubuŋ]
espaço (m)	spasi	[spasi]

| letra (f) | huruf | [huruf] |
| letra (f) maiúscula | huruf kapital | [huruf kapital] |

| vogal (f) | vokal | [vokal] |
| consoante (f) | konsonan | [konsonan] |

frase (f)	kalimat	[kalimat]
sujeito (m)	subjek	[subdʒʲeʔ]
predicado (m)	predikat	[predikat]

linha (f)	baris	[baris]
em uma nova linha	di baris baru	[di baris baru]
parágrafo (m)	alinea, paragraf	[alinea], [paragraf]

palavra (f)	kata	[kata]
grupo (m) de palavras	rangkaian kata	[raŋkajan kata]
expressão (f)	ungkapan	[uŋkapan]
sinónimo (m)	sinonim	[sinonim]
antónimo (m)	antonim	[antonim]

regra (f)	peraturan	[pəraturan]
exceção (f)	perkecualian	[pərketʃualian]
correto	benar, betul	[benar], [betul]

conjugação (f)	konjugasi	[kondʒʲugasi]
declinação (f)	deklinasi	[deklinasi]
caso (m)	kasus nominal	[kasus nominal]
pergunta (f)	pertanyaan	[pərtanjaʔan]
sublinhar (vt)	menggaris bawahi	[məŋgaris bawahi]
linha (f) pontilhada	garis bertitik	[garis bərtitiʔ]

98. Línguas estrangeiras

língua (f)	bahasa	[bahasa]
estrangeiro	asing	[asiŋ]
língua (f) estrangeira	bahasa asing	[bahasa asiŋ]
estudar (vt)	mempelajari	[mempeladʒʲari]
aprender (vt)	belajar	[beladʒʲar]

ler (vt)	membaca	[membatʃa]
falar (vi)	berbicara	[bərbitʃara]
compreender (vt)	mengerti	[məŋerti]
escrever (vt)	menulis	[mənulis]
rapidamente	cepat, fasih	[tʃepat], [fasih]
devagar	perlahan-lahan	[pərlahan-lahan]

fluentemente	fasih	[fasih]
regras (f pl)	peraturan	[pəraturan]
gramática (f)	tatabahasa	[tatabahasa]
vocabulário (m)	kosakata	[kosakata]
fonética (f)	fonetik	[fonetiʔ]
manual (m) escolar	buku pelajaran	[buku peladʒʲaran]
dicionário (m)	kamus	[kamus]
manual (m) de autoaprendizagem	buku autodidak	[buku autodidaʔ]
guia (m) de conversação	panduan percakapan	[panduan pərtʃakapan]
cassete (f)	kaset	[kaset]
vídeo cassete (m)	kaset video	[kaset video]
CD (m)	cakram kompak	[tʃakram kompaʔ]
DVD (m)	cakram DVD	[tʃakram di-vi-di]
alfabeto (m)	alfabet, abjad	[alfabet], [abdʒʲad]
soletrar (vt)	mengeja	[məŋedʒʲa]
pronúncia (f)	pelafalan	[pelafalan]
sotaque (m)	aksen	[aksen]
com sotaque	dengan aksen	[deŋan aksen]
sem sotaque	tanpa aksen	[tanpa aksen]
palavra (f)	kata	[kata]
sentido (m)	arti	[arti]
cursos (m pl)	kursus	[kursus]
inscrever-se (vr)	Mendaftar	[məndaftar]
professor (m)	guru	[guru]
tradução (processo)	penerjemahan	[penerdʒʲemahan]
tradução (texto)	terjemahan	[tərdʒʲemahan]
tradutor (m)	penerjemah	[penerdʒʲemah]
intérprete (m)	juru bahasa	[dʒʲuru bahasa]
poliglota (m)	poliglot	[poliglot]
memória (f)	memori, daya ingat	[memori], [daja iŋat]

Descanso. Entretenimento. Viagens

99. Viagens

turismo (m)	pariwisata	[pariwisata]
turista (m)	turis, wisatawan	[turis], [wisatawan]
viagem (f)	pengembaraan	[peŋembara'an]
aventura (f)	petualangan	[petualaŋan]
viagem (f)	perjalanan, lawatan	[pərdʒʲalanan], [lawatan]
férias (f pl)	liburan	[liburan]
estar de férias	berlibur	[bərlibur]
descanso (m)	istirahat	[istirahat]
comboio (m)	kereta api	[kereta api]
de comboio (chegar ~)	naik kereta api	[nai' kereta api]
avião (m)	pesawat terbang	[pesawat tərbaŋ]
de avião	naik pesawat terbang	[nai' pesawat tərbaŋ]
de carro	naik mobil	[nai' mobil]
de navio	naik kapal	[nai' kapal]
bagagem (f)	bagasi	[bagasi]
mala (f)	koper	[koper]
carrinho (m)	troli bagasi	[troli bagasi]
passaporte (m)	paspor	[paspor]
visto (m)	visa	[visa]
bilhete (m)	tiket	[tiket]
bilhete (m) de avião	tiket pesawat terbang	[tiket pesawat tərbaŋ]
guia (m) de viagem	buku pedoman	[buku pedoman]
mapa (m)	peta	[peta]
local (m), area (f)	kawasan	[kawasan]
lugar, sítio (m)	tempat	[tempat]
exotismo (m)	keeksotisan	[keeksotisan]
exótico	eksotis	[eksotis]
surpreendente	menakjubkan	[mənakdʒʲubkan]
grupo (m)	kelompok	[kelompo']
excursão (f)	ekskursi	[ekskursi]
guia (m)	pemandu wisata	[pemandu wisata]

100. Hotel

hotel (m), pensão (f)	hotel	[hotel]
motel (m)	motel	[motel]
três estrelas	bintang tiga	[bintaŋ tiga]

cinco estrelas	bintang lima	[bintaŋ lima]
ficar (~ num hotel)	menginap	[məɲinap]
quarto (m)	kamar	[kamar]
quarto (m) individual	kamar tunggal	[kamar tuŋgal]
quarto (m) duplo	kamar ganda	[kamar ganda]
reservar um quarto	memesan kamar	[memesan kamar]
meia pensão (f)	sewa setengah	[sewa seteŋah]
pensão (f) completa	sewa penuh	[sewa penuh]
com banheira	dengan kamar mandi	[deŋan kamar mandi]
com duche	dengan pancuran	[deŋan pantʃuran]
televisão (m) satélite	televisi satelit	[televisi satelit]
ar (m) condicionado	penyejuk udara	[penjedʒʲu' udara]
toalha (f)	handuk	[handuʔ]
chave (f)	kunci	[kuntʃi]
administrador (m)	administrator	[administrator]
camareira (f)	pelayan kamar	[pelajan kamar]
bagageiro (m)	porter	[porter]
porteiro (m)	pramupintu	[pramupintu]
restaurante (m)	restoran	[restoran]
bar (m)	bar	[bar]
pequeno-almoço (m)	makan pagi, sarapan	[makan pagi], [sarapan]
jantar (m)	makan malam	[makan malam]
buffet (m)	prasmanan	[prasmanan]
hall (m) de entrada	lobi	[lobi]
elevador (m)	elevator	[elevator]
NÃO PERTURBE	JANGAN MENGGANGGU	[dʒʲaŋan məŋgaŋgu]
PROIBIDO FUMAR!	DILARANG MEROKOK!	[dilaraŋ merokoʔ!]

EQUIPAMENTO TÉCNICO. TRANSPORTES

Equipamento técnico. Transportes

101. Computador

computador (m)	komputer	[komputer]
portátil (m)	laptop	[laptop]
ligar (vt)	menyalakan	[mənjalakan]
desligar (vt)	mematikan	[mematikan]
teclado (m)	keyboard, papan tombol	[keybor], [papan tombol]
tecla (f)	tombol	[tombol]
rato (m)	tetikus	[tetikus]
tapete (m) de rato	bantal tetikus	[bantal tetikus]
botão (m)	tombol	[tombol]
cursor (m)	kursor	[kursor]
monitor (m)	monitor	[monitor]
ecrã (m)	layar	[lajar]
disco (m) rígido	hard disk, cakram keras	[hard disk], [tʃakram keras]
capacidade (f) do disco rígido	kapasitas cakram keras	[kapasitas tʃakram keras]
memória (f)	memori	[memori]
memória RAM (f)	memori akses acak	[memori akses atʃaʔ]
ficheiro (m)	file, berkas	[file], [bərkas]
pasta (f)	folder	[folder]
abrir (vt)	membuka	[membuka]
fechar (vt)	menutup	[mənutup]
guardar (vt)	menyimpan	[mənjimpan]
apagar, eliminar (vt)	menghapus	[məŋhapus]
copiar (vt)	menyalin	[mənjalin]
ordenar (vt)	menyortir	[mənjortir]
copiar (vt)	mentransfer	[məntransfer]
programa (m)	program	[program]
software (m)	perangkat lunak	[pəraŋkat lunaʔ]
programador (m)	pemrogram	[pemrogram]
programar (vt)	memprogram	[memprogram]
hacker (m)	peretas	[peretas]
senha (f)	kata sandi	[kata sandi]
vírus (m)	virus	[virus]
detetar (vt)	mendeteksi	[məndeteksi]
byte (m)	bita	[bita]

megabyte (m)	megabita	[megabita]
dados (m pl)	data	[data]
base (f) de dados	basis data, pangkalan data	[basis data], [paŋkalan data]

cabo (m)	kabel	[kabel]
desconectar (vt)	melepaskan	[melepaskan]
conetar (vt)	menyambungkan	[mənjambuŋkan]

102. Internet. E-mail

internet (f)	Internet	[internet]
browser (m)	peramban	[peramban]
motor (m) de busca	mesin telusur	[mesin telusur]
provedor (m)	provider	[provider]

webmaster (m)	webmaster, perancang web	[webmaster], [perantʃaŋ web]
website, sítio web (m)	situs web	[situs web]
página (f) web	halaman web	[halaman web]

| endereço (m) | alamat | [alamat] |
| livro (m) de endereços | buku alamat | [buku alamat] |

caixa (f) de correio	kotak surat	[kota' surat]
correio (m)	surat	[surat]
cheia (caixa de correio)	penuh	[penuh]

mensagem (f)	pesan	[pesan]
mensagens (f pl) recebidas	pesan masuk	[pesan masu']
mensagens (f pl) enviadas	pesan keluar	[pesan keluar]

remetente (m)	pengirim	[peŋirim]
enviar (vt)	mengirim	[məŋirim]
envio (m)	pengiriman	[peŋiriman]

| destinatário (m) | penerima | [penerima] |
| receber (vt) | menerima | [mənerima] |

| correspondência (f) | surat-menyurat | [surat-menyurat] |
| corresponder-se (vr) | surat-menyurat | [surat-menyurat] |

ficheiro (m)	file, berkas	[file], [bərkas]
fazer download, baixar	mengunduh	[məŋunduh]
criar (vt)	membuat	[membuat]
apagar, eliminar (vt)	menghapus	[məŋhapus]
eliminado	terhapus	[tərhapus]

conexão (f)	koneksi	[koneksi]
velocidade (f)	kecepatan	[ketʃepatan]
modem (m)	modem	[modem]
acesso (m)	akses	[akses]
porta (f)	porta	[porta]

| conexão (f) | koneksi | [koneksi] |
| conetar (vi) | terhubung ke ... | [tərhubuŋ ke ...] |

| escolher (vt) | memilih | [memilih] |
| buscar (vt) | mencari … | [məntʃari …] |

103. Eletricidade

eletricidade (f)	listrik	[listriʔ]
elétrico	listrik	[listriʔ]
central (f) elétrica	pembangkit listrik	[pembaŋkit listriʔ]
energia (f)	energi, tenaga	[energi], [tenaga]
energia (f) elétrica	tenaga listrik	[tenaga listriʔ]

lâmpada (f)	bohlam	[bohlam]
lanterna (f)	lentera	[lentera]
poste (m) de iluminação	lampu jalan	[lampu dʒʲalan]

luz (f)	lampu	[lampu]
ligar (vt)	menyalakan	[mənjalakan]
desligar (vt)	mematikan	[mematikan]
apagar a luz	mematikan lampu	[mematikan lampu]

fundir (vi)	mati	[mati]
curto-circuito (m)	korsleting	[korsletiŋ]
rutura (f)	kabel putus	[kabel putus]
contacto (m)	kontak	[kontaʔ]

interruptor (m)	sakelar	[sakelar]
tomada (f)	colokan	[tʃolokan]
ficha (f)	steker	[steker]
extensão (f)	kabel ekstensi	[kabel ekstensi]

fusível (m)	sekering	[sekeriŋ]
fio, cabo (m)	kabel, kawat	[kabel], [kawat]
instalação (f) elétrica	rangkaian kabel	[raŋkajan kabel]

ampere (m)	ampere	[ampere]
amperagem (f)	kuat arus listrik	[kuat arus listriʔ]
volt (m)	volt	[volt]
voltagem (f)	voltase	[voltase]

| aparelho (m) elétrico | perkakas listrik | [pərkakas listriʔ] |
| indicador (m) | indikator | [indikator] |

eletricista (m)	tukang listrik	[tukaŋ listriʔ]
soldar (vt)	mematri	[mematri]
ferro (m) de soldar	besi solder	[besi solder]
corrente (f) elétrica	arus listrik	[arus listriʔ]

104. Ferramentas

ferramenta (f)	alat	[alat]
ferramentas (f pl)	peralatan	[pəralatan]
equipamento (m)	perlengkapan	[pərleŋkapan]

martelo (m)	martil, palu	[martil], [palu]
chave (f) de fendas	obeng	[obeŋ]
machado (m)	kapak	[kapaʔ]
serra (f)	gergaji	[gergadʒi]
serrar (vt)	menggergaji	[məŋgergadʒi]
plaina (f)	serut	[serut]
aplainar (vt)	menyerut	[mənjerut]
ferro (m) de soldar	besi solder	[besi solder]
soldar (vt)	mematri	[mematri]
lima (f)	kikir	[kikir]
tenaz (f)	tang	[taŋ]
alicate (m)	catut	[tʃatut]
formão (m)	pahat	[pahat]
broca (f)	mata bor	[mata bor]
berbequim (f)	bor listrik	[bor listriʔ]
furar (vt)	mengebor	[məŋebor]
faca (f)	pisau	[pisau]
lâmina (f)	mata pisau	[mata pisau]
afiado	tajam	[tadʒʲam]
cego	tumpul	[tumpul]
embotar-se (vr)	menjadi tumpul	[məndʒʲadi tumpul]
afiar, amolar (vt)	mengasah	[məŋasah]
parafuso (m)	baut	[baut]
porca (f)	mur	[mur]
rosca (f)	ulir	[ulir]
parafuso (m) para madeira	sekrup	[sekrup]
prego (m)	paku	[paku]
cabeça (f) do prego	paku payung	[paku pajuŋ]
régua (f)	mistar, penggaris	[mistar], [peŋgaris]
fita (f) métrica	meteran	[meteran]
nível (m)	pengukur kedataran	[peŋukur kedataran]
lupa (f)	kaca pembesar	[katʃa pembesar]
medidor (m)	alat ukur	[alat ukur]
medir (vt)	mengukur	[məŋukur]
escala (f)	skala	[skala]
indicação (f), registo (m)	pencatatan	[pentʃatatan]
compressor (m)	kompresor	[kompresor]
microscópio (m)	mikroskop	[mikroskop]
bomba (f)	pompa	[pompa]
robô (m)	robot	[robot]
laser (m)	laser	[laser]
chave (f) de boca	kunci pas	[kuntʃi pas]
fita (f) adesiva	selotip	[selotip]
cola (f)	lem	[lem]

lixa (f)	kertas amplas	[kertas amplas]
mola (f)	pegas, per	[pegas], [pər]
íman (m)	magnet	[magnet]
luvas (f pl)	sarung tangan	[saruŋ taŋan]

corda (f)	tali	[tali]
cordel (m)	tambang, tali	[tambaŋ], [tali]
fio (m)	kabel, kawat	[kabel], [kawat]
cabo (m)	kabel, kawat	[kabel], [kawat]

marreta (f)	palu godam	[palu godam]
pé de cabra (m)	linggis	[liŋgis]
escada (f) de mão	tangga	[taŋga]
escadote (m)	tangga	[taŋga]

enroscar (vt)	mengencangkan	[məɲentʃaŋkan]
desenroscar (vt)	mengendurkan	[məŋendurkan]
apertar (vt)	mengencangkan	[məɲentʃaŋkan]
colar (vt)	menempelkan	[mənempelkan]
cortar (vt)	memotong	[memotoŋ]

falha (mau funcionamento)	malafungsi, kerusakan	[malafuŋsi], [kerusakan]
conserto (m)	perbaikan	[pərbajkan]
consertar, reparar (vt)	mereparasi, memperbaiki	[mereparasi], [memperbajki]
regular, ajustar (vt)	menyetel	[mənetel]

verificar (vt)	memeriksa	[memeriksa]
verificação (f)	pemeriksaan	[pemeriksa'an]
indicação (f), registo (m)	pencatatan	[pentʃatatan]

seguro	andal	[andal]
complicado	rumit	[rumit]

enferrujar (vi)	berkarat, karatan	[bərkarat], [karatan]
enferrujado	berkarat, karatan	[bərkarat], [karatan]
ferrugem (f)	karat	[karat]

Transportes

105. Avião

avião (m)	pesawat terbang	[pesawat tərbaŋ]
bilhete (m) de avião	tiket pesawat terbang	[tiket pesawat tərbaŋ]
companhia (f) aérea	maskapai penerbangan	[maskapaj penerbaŋan]
aeroporto (m)	bandara	[bandara]
supersónico	supersonik	[supersoniʔ]
comandante (m) do avião	kapten	[kapten]
tripulação (f)	awak	[awaʔ]
piloto (m)	pilot	[pilot]
hospedeira (f) de bordo	pramugari	[pramugari]
copiloto (m)	navigator, penavigasi	[navigator], [penavigasi]
asas (f pl)	sayap	[sajap]
cauda (f)	ekor	[ekor]
cabine (f) de pilotagem	kokpit	[kokpit]
motor (m)	mesin	[mesin]
trem (m) de aterragem	roda pendarat	[roda pendarat]
turbina (f)	turbin	[turbin]
hélice (f)	baling-baling	[baliŋ-baliŋ]
caixa-preta (f)	kotak hitam	[kotaʔ hitam]
coluna (f) de controlo	kemudi	[kemudi]
combustível (m)	bahan bakar	[bahan bakar]
instruções (f pl) de segurança	instruksi keselamatan	[instruksi keselamatan]
máscara (f) de oxigénio	masker oksigen	[masker oksigen]
uniforme (m)	seragam	[seragam]
colete (m) salva-vidas	jaket pelampung	[dʒʲaket pelampuŋ]
paraquedas (m)	parasut	[parasut]
descolagem (f)	lepas landas	[lepas landas]
descolar (vi)	bertolak	[bərtolaʔ]
pista (f) de descolagem	jalur lepas landas	[dʒʲalur lepas landas]
visibilidade (f)	visibilitas, pandangan	[visibilitas], [pandaŋan]
voo (m)	penerbangan	[penerbaŋan]
altura (f)	ketinggian	[ketiŋgian]
poço (m) de ar	lubang udara	[lubaŋ udara]
assento (m)	tempat duduk	[tempat duduʔ]
auscultadores (m pl)	headphone, fonkepala	[headphone], [fonkepala]
mesa (f) rebatível	meja lipat	[medʒʲa lipat]
vigia (f)	jendela pesawat	[dʒʲendela pesawat]
passagem (f)	lorong	[loroŋ]

106. Comboio

comboio (m)	kereta api	[kereta api]
comboio (m) suburbano	kereta api listrik	[kereta api listriʲ]
comboio (m) rápido	kereta api cepat	[kereta api ʧepat]
locomotiva (f) diesel	lokomotif diesel	[lokomotif disel]
locomotiva (f) a vapor	lokomotif uap	[lokomotif uap]
carruagem (f)	gerbong penumpang	[gerboŋ penumpaŋ]
carruagem restaurante (f)	gerbong makan	[gerboŋ makan]
carris (m pl)	rel	[rel]
caminho de ferro (m)	rel kereta api	[rel kereta api]
travessa (f)	bantalan rel	[bantalan rel]
plataforma (f)	platform	[platform]
linha (f)	jalur	[dʒʲalur]
semáforo (m)	semafor	[semafor]
estação (f)	stasiun	[stasiun]
maquinista (m)	masinis	[masinis]
bagageiro (m)	porter	[porter]
hospedeiro, -a (da carruagem)	kondektur	[kondektur]
passageiro (m)	penumpang	[penumpaŋ]
revisor (m)	kondektur	[kondektur]
corredor (m)	koridor	[koridor]
freio (m) de emergência	rem darurat	[rem darurat]
compartimento (m)	kabin	[kabin]
cama (f)	bangku	[baŋku]
cama (f) de cima	bangku atas	[baŋku atas]
cama (f) de baixo	bangku bawah	[baŋku bawah]
roupa (f) de cama	kain kasur	[kain kasur]
bilhete (m)	tiket	[tiket]
horário (m)	jadwal	[dʒʲadwal]
painel (m) de informação	layar informasi	[lajar informasi]
partir (vt)	berangkat	[beraŋkat]
partida (f)	keberangkatan	[keberaŋkatan]
chegar (vi)	datang	[dataŋ]
chegada (f)	kedatangan	[kedataŋan]
chegar de comboio	datang naik kereta api	[dataŋ naj' kereta api]
apanhar o comboio	naik ke kereta	[nai' ke kereta]
sair do comboio	turun dari kereta	[turun dari kereta]
acidente (m) ferroviário	kecelakaan kereta	[ketʃelaka'an kereta]
descarrilar (vi)	keluar rel	[keluar rel]
locomotiva (f) a vapor	lokomotif uap	[lokomotif uap]
fogueiro (m)	juru api	[dʒʲuru api]
fornalha (f)	tungku	[tuŋku]
carvão (m)	batu bara	[batu bara]

107. Barco

navio (m)	kapal	[kapal]
embarcação (f)	kapal	[kapal]
vapor (m)	kapal uap	[kapal uap]
navio (m)	kapal api	[kapal api]
transatlântico (m)	kapal laut	[kapal laut]
cruzador (m)	kapal penjelajah	[kapal pendʒʲeladʒʲah]
iate (m)	perahu pesiar	[perahu pesiar]
rebocador (m)	kapal tunda	[kapal tunda]
barcaça (f)	tongkang	[toŋkaŋ]
ferry (m)	feri	[feri]
veleiro (m)	kapal layar	[kapal lajar]
bergantim (m)	kapal brigantin	[kapal brigantin]
quebra-gelo (m)	kapal pemecah es	[kapal pemetʃah es]
submarino (m)	kapal selam	[kapal selam]
bote, barco (m)	perahu	[perahu]
bote, dingue (m)	sekoci	[sekotʃi]
bote (m) salva-vidas	sekoci penyelamat	[sekotʃi penjelamat]
lancha (f)	perahu motor	[perahu motor]
capitão (m)	kapten	[kapten]
marinheiro (m)	kelasi	[kelasi]
marujo (m)	pelaut	[pelaut]
tripulação (f)	awak	[awaʔ]
contramestre (m)	bosman, bosun	[bosman], [bosun]
grumete (m)	kadet laut	[kadet laut]
cozinheiro (m) de bordo	koki	[koki]
médico (m) de bordo	dokter kapal	[dokter kapal]
convés (m)	dek	[deʔ]
mastro (m)	tiang	[tiaŋ]
vela (f)	layar	[lajar]
porão (m)	lambung kapal	[lambuŋ kapal]
proa (f)	haluan	[haluan]
popa (f)	buritan	[buritan]
remo (m)	dayung	[dajuŋ]
hélice (f)	baling-baling	[baliŋ-baliŋ]
camarote (m)	kabin	[kabin]
sala (f) dos oficiais	ruang rekreasi	[ruaŋ rekreasi]
sala (f) das máquinas	ruang mesin	[ruaŋ mesin]
ponte (m) de comando	anjungan kapal	[andʒʲuŋan kapal]
sala (f) de comunicações	ruang radio	[ruaŋ radio]
onda (f) de rádio	gelombang radio	[gelombaŋ radio]
diário (m) de bordo	buku harian kapal	[buku harian kapal]
luneta (f)	teropong	[teropoŋ]
sino (m)	lonceng	[lontʃeŋ]

bandeira (f)	bendera	[bendera]
cabo (m)	tali	[tali]
nó (m)	simpul	[simpul]
corrimão (m)	pegangan	[peganan]
prancha (f) de embarque	tangga kapal	[taŋga kapal]
âncora (f)	jangkar	[dʒʲaŋkar]
recolher a âncora	mengangkat jangkar	[mənaŋkat dʒʲaŋkar]
lançar a âncora	menjatuhkan jangkar	[məndʒʲatuhkan dʒʲaŋkar]
amarra (f)	rantai jangkar	[rantaj dʒʲaŋkar]
porto (m)	pelabuhan	[pelabuhan]
cais, amarradouro (m)	dermaga	[dermaga]
atracar (vi)	merapat	[merapat]
desatracar (vi)	bertolak	[bərtolaʔ]
viagem (f)	pengembaraan	[peŋembaraʔan]
cruzeiro (m)	pesiar	[pesiar]
rumo (m), rota (f)	haluan	[haluan]
itinerário (m)	rute	[rute]
banco (m) de areia	beting	[betiŋ]
encalhar (vt)	kandas	[kandas]
tempestade (f)	badai	[badaj]
sinal (m)	sinyal	[sinjal]
afundar-se (vr)	tenggelam	[teŋgelam]
Homem ao mar!	Orang hanyut!	[oraŋ hanyut!]
SOS	SOS	[es-o-es]
boia (f) salva-vidas	pelampung penyelamat	[pelampuŋ penjelamat]

108. Aeroporto

aeroporto (m)	bandara	[bandara]
avião (m)	pesawat terbang	[pesawat tərbaŋ]
companhia (f) aérea	maskapai penerbangan	[maskapaj penerbaŋan]
controlador (m) de tráfego aéreo	pengawas lalu lintas udara	[peŋawas lalu lintas udara]
partida (f)	keberangkatan	[keberaŋkatan]
chegada (f)	kedatangan	[kedataŋan]
chegar (~ de avião)	datang	[dataŋ]
hora (f) de partida	waktu keberangkatan	[waktu keberaŋkatan]
hora (f) de chegada	waktu kedatangan	[waktu kedataŋan]
estar atrasado	terlambat	[tərlambat]
atraso (m) de voo	penundaan penerbangan	[penundaʔan penerbaŋan]
painel (m) de informação	papan informasi	[papan informasi]
informação (f)	informasi	[informasi]
anunciar (vt)	mengumumkan	[məŋumumkan]
voo (m)	penerbangan	[penerbaŋan]

alfândega (f)	pabean	[pabean]
funcionário (m) da alfândega	petugas pabean	[petugas pabean]
declaração (f) alfandegária	pernyataan pabean	[pərnjata'an pabean]
preencher (vt)	mengisi	[mənisi]
preencher a declaração	mengisi formulir bea cukai	[mənisi formulir bea ʧukaj]
controlo (m) de passaportes	pemeriksaan paspor	[pemeriksa'an paspor]
bagagem (f)	bagasi	[bagasi]
bagagem (f) de mão	jinjingan	[ʤinʤiŋan]
carrinho (m)	troli bagasi	[troli bagasi]
aterragem (f)	pendaratan	[pendaratan]
pista (f) de aterragem	jalur pendaratan	[ʤ'alur pendaratan]
aterrar (vi)	mendarat	[məndarat]
escada (f) de avião	tangga pesawat	[taŋga pesawat]
check-in (m)	check-in	[ʧekin]
balcão (m) do check-in	meja check-in	[meʤ'a ʧekin]
fazer o check-in	check-in	[ʧekin]
cartão (m) de embarque	kartu pas	[kartu pas]
porta (f) de embarque	gerbang keberangkatan	[gerbaŋ keberaŋkatan]
trânsito (m)	transit	[transit]
esperar (vi, vt)	menunggu	[mənuŋgu]
sala (f) de espera	ruang tunggu	[ruaŋ tuŋgu]
despedir-se de ...	mengantar	[məɲantar]
despedir-se (vr)	berpamitan	[bərpamitan]

Eventos

109. Férias. Evento

festa (f)	perayaan	[pəraja'an]
festa (f) nacional	hari besar nasional	[hari besar nasional]
feriado (m)	hari libur	[hari libur]
festejar (vt)	merayakan	[merajakan]
evento (festa, etc.)	peristiwa, kejadian	[pəristiwa], [kedʒʲadian]
evento (banquete, etc.)	acara	[atʃara]
banquete (m)	banket	[banket]
receção (f)	resepsi	[resepsi]
festim (m)	pesta	[pesta]
aniversário (m)	hari jadi, HUT	[hari dʒʲadi], [ha-u-te]
jubileu (m)	yubileum	[yubileum]
celebrar (vt)	merayakan	[merajakan]
Ano (m) Novo	Tahun Baru	[tahun baru]
Feliz Ano Novo!	Selamat Tahun Baru!	[selamat tahun baru!]
Pai (m) Natal	Sinterklas	[sinterklas]
Natal (m)	Natal	[natal]
Feliz Natal!	Selamat Hari Natal!	[selamat hari natal!]
árvore (f) de Natal	pohon Natal	[pohon natal]
fogo (m) de artifício	kembang api	[kembaŋ api]
boda (f)	pernikahan	[pərnikahan]
noivo (m)	mempelai lelaki	[mempelaj lelaki]
noiva (f)	mempelai perempuan	[mempelaj pərempuan]
convidar (vt)	mengundang	[məŋundaŋ]
convite (m)	kartu undangan	[kartu undaŋan]
convidado (m)	tamu	[tamu]
visitar (vt)	mengunjungi	[məŋundʒʲuŋi]
receber os hóspedes	menyambut tamu	[mənjambut tamu]
presente (m)	hadiah	[hadiah]
oferecer (vt)	memberi	[memberi]
receber presentes	menerima hadiah	[mənerima hadiah]
ramo (m) de flores	buket	[buket]
felicitações (f pl)	ucapan selamat	[utʃapan selamat]
felicitar (dar os parabéns)	mengucapkan selamat	[məŋutʃapkan selamat]
cartão (m) de parabéns	kartu ucapan selamat	[kartu utʃapan selamat]
enviar um postal	mengirim kartu pos	[məŋirim kartu pos]
receber um postal	menerima kartu pos	[mənerima kartu pos]

brinde (m)	toas	[toas]
oferecer (vt)	menawari	[mənawari]
champanhe (m)	sampanye	[sampanje]
divertir-se (vr)	bersukaria	[bərsukaria]
diversão (f)	keriangan, kegembiraan	[kerianan], [kegembira'an]
alegria (f)	kegembiraan	[kegembira'an]
dança (f)	dansa, tari	[dansa], [tari]
dançar (vi)	berdansa, menari	[bərdansa], [menari]
valsa (f)	wals	[wals]
tango (m)	tango	[taŋo]

110. Funerais. Enterro

cemitério (m)	pemakaman	[pemakaman]
sepultura (f), túmulo (m)	makam	[makam]
cruz (f)	salib	[salib]
lápide (f)	batu nisan	[batu nisan]
cerca (f)	pagar	[pagar]
capela (f)	kapel	[kapel]
morte (f)	kematian	[kematian]
morrer (vi)	mati, meninggal	[mati], [meniŋgal]
defunto (m)	almarhum	[almarhum]
luto (m)	perkabungan	[pərkabuŋan]
enterrar, sepultar (vt)	memakamkan	[memakamkan]
agência (f) funerária	rumah duka	[rumah duka]
funeral (m)	pemakaman	[pemakaman]
coroa (f) de flores	karangan bunga	[karaŋan buŋa]
caixão (m)	keranda	[keranda]
carro (m) funerário	mobil jenazah	[mobil dʒi̯enazah]
mortalha (f)	kain kafan	[kain kafan]
procissão (f) funerária	prosesi pemakaman	[prosesi pemakaman]
urna (f) funerária	guci abu jenazah	[gutʃi abu dʒi̯enazah]
crematório (m)	krematorium	[krematorium]
obituário (m), necrologia (f)	obituarium	[obituarium]
chorar (vi)	menangis	[mənaŋis]
soluçar (vi)	meratap	[meratap]

111. Guerra. Soldados

pelotão (m)	peleton	[peleton]
companhia (f)	kompi	[kompi]
regimento (m)	resimen	[resimen]
exército (m)	tentara	[tentara]
divisão (f)	divisi	[divisi]

| destacamento (m) | pasukan | [pasukan] |
| hoste (f) | tentara | [tentara] |

| soldado (m) | tentara, serdadu | [tentara], [serdadu] |
| oficial (m) | perwira | [pərwira] |

soldado (m) raso	prajurit	[pradʒʲurit]
sargento (m)	sersan	[sersan]
tenente (m)	letnan	[letnan]
capitão (m)	kapten	[kapten]
major (m)	mayor	[major]
coronel (m)	kolonel	[kolonel]
general (m)	jenderal	[dʒʲenderal]

marujo (m)	pelaut	[pelaut]
capitão (m)	kapten	[kapten]
contramestre (m)	bosman, bosun	[bosman], [bosun]
artilheiro (m)	tentara artileri	[tentara artileri]
soldado (m) paraquedista	pasukan penerjun	[pasukan penerdʒʲun]
piloto (m)	pilot	[pilot]
navegador (m)	navigator, penavigasi	[navigator], [penavigasi]
mecânico (m)	mekanik	[mekaniʔ]

sapador (m)	pencari ranjau	[pentʃari randʒʲau]
paraquedista (m)	parasutis	[parasutis]
explorador (m)	pengintai	[peŋintaj]
franco-atirador (m)	penembak jitu	[penembaʔ dʒitu]

patrulha (f)	patroli	[patroli]
patrulhar (vt)	berpatroli	[bərpatroli]
sentinela (f)	pengawal	[peŋawal]
guerreiro (m)	prajurit	[pradʒʲurit]
patriota (m)	patriot	[patriot]
herói (m)	pahlawan	[pahlawan]
heroína (f)	pahlawan wanita	[pahlawan wanita]

| traidor (m) | pengkhianat | [peŋhianat] |
| trair (vt) | mengkhianati | [məŋhianati] |

| desertor (m) | desertir | [desertir] |
| desertar (vt) | melakukan desersi | [melakukan desersi] |

mercenário (m)	tentara bayaran	[tentara bajaran]
recruta (m)	rekrut, calon tentara	[rekrut], [tʃalon tentara]
voluntário (m)	sukarelawan	[sukarelawan]

morto (m)	korban meninggal	[korban meniŋgal]
ferido (m)	korban luka	[korban luka]
prisioneiro (m) de guerra	tawanan perang	[tawanan peraŋ]

112. Guerra. Ações militares. Parte 1

| guerra (f) | perang | [peraŋ] |
| guerrear (vt) | berperang | [bərperaŋ] |

guerra (f) civil	perang saudara	[pəraŋ saudara]
perfidamente	secara curang	[setʃara tʃuraŋ]
declaração (f) de guerra	pernyataan perang	[pərnjataʔan pəraŋ]
declarar (vt) guerra	menyatakan perang	[mənjatakan pəraŋ]
agressão (f)	agresi	[agresi]
atacar (vt)	menyerang	[mənjeraŋ]
invadir (vt)	menduduki	[mənduduki]
invasor (m)	penduduk	[penduduʔ]
conquistador (m)	penakluk	[penakluʔ]
defesa (f)	pertahanan	[pərtahanan]
defender (vt)	mempertahankan	[mempertahankan]
defender-se (vr)	bertahan ...	[bərtahan ...]
inimigo (m)	musuh	[musuh]
adversário (m)	lawan	[lawan]
inimigo	musuh	[musuh]
estratégia (f)	strategi	[strategi]
tática (f)	taktik	[taktiʔ]
ordem (f)	perintah	[pərintah]
comando (m)	perintah	[pərintah]
ordenar (vt)	memerintahkan	[memerintahkan]
missão (f)	tugas	[tugas]
secreto	rahasia	[rahasia]
batalha (f)	pertempuran	[pərtempuran]
combate (m)	pertempuran	[pərtempuran]
ataque (m)	serangan	[seraŋan]
assalto (m)	serbuan	[serbuan]
assaltar (vt)	menyerbu	[mənjerbu]
assédio, sítio (m)	kepungan	[kepuŋan]
ofensiva (f)	serangan	[seraŋan]
passar à ofensiva	menyerang	[mənjeraŋ]
retirada (f)	pengunduran	[peŋunduran]
retirar-se (vr)	mundur	[mundur]
cerco (m)	pengepungan	[peŋepuŋan]
cercar (vt)	mengepung	[məŋepuŋ]
bombardeio (m)	pengeboman	[peŋeboman]
lançar uma bomba	menjatuhkan bom	[məndʒʲatuhkan bom]
bombardear (vt)	mengebom	[məŋebom]
explosão (f)	ledakan	[ledakan]
tiro (m)	tembakan	[tembakan]
disparar um tiro	melepaskan	[melepaskan]
tiroteio (m)	penembakan	[penembakan]
apontar para ...	membidik	[membidiʔ]
apontar (vt)	mengarahkan	[məŋarahkan]

acertar (vt)	mengenai	[məŋenaj]
afundar (um navio)	menenggelamkan	[mənəŋgelamkan]
brecha (f)	lubang	[lubaŋ]
afundar-se (vr)	karam	[karam]
frente (m)	garis depan	[garis depan]
evacuação (f)	evakuasi	[evakuasi]
evacuar (vt)	mengevakuasi	[məŋevakuasi]
trincheira (f)	parit perlindungan	[parit pərlinduŋan]
arame (m) farpado	kawat berduri	[kawat bərduri]
obstáculo (m) anticarro	rintangan	[rintaŋan]
torre (f) de vigia	menara	[mənara]
hospital (m)	rumah sakit militer	[rumah sakit militer]
ferir (vt)	melukai	[melukaj]
ferida (f)	luka	[luka]
ferido (m)	korban luka	[korban luka]
ficar ferido	terluka	[tərluka]
grave (ferida ~)	parah	[parah]

113. Guerra. Ações militares. Parte 2

cativeiro (m)	tawanan	[tawanan]
capturar (vt)	menawan	[mənawan]
estar em cativeiro	ditawan	[ditawan]
ser aprisionado	tertawan	[tərtawan]
campo (m) de concentração	kamp konsentrasi	[kamp konsentrasi]
prisioneiro (m) de guerra	tawanan perang	[tawanan pəraŋ]
escapar (vi)	melarikan diri	[melarikan diri]
trair (vt)	mengkhianati	[məŋhianati]
traidor (m)	pengkhianat	[peŋhianat]
traição (f)	pengkhianatan	[peŋhianatan]
fuzilar, executar (vt)	mengeksekusi	[məŋeksekusi]
fuzilamento (m)	eksekusi	[eksekusi]
equipamento (m)	perlengkapan	[pərleŋkapan]
platina (f)	epolet	[epolet]
máscara (f) antigás	masker gas	[masker gas]
rádio (m)	pemancar radio	[pemantʃar radio]
cifra (f), código (m)	kode	[kode]
conspiração (f)	kerahasiaan	[kerahasia'an]
senha (f)	kata sandi	[kata sandi]
mina (f)	ranjau darat	[randʒʲau darat]
minar (vt)	memasang ranjau	[memasaŋ randʒʲau]
campo (m) minado	padang yang dipenuhi ranjau	[padaŋ yaŋ dipenuhi randʒʲau]
alarme (m) aéreo	peringatan serangan udara	[pəriŋatan seraŋan udara]
alarme (m)	alarm serangan udara	[alarm seraŋan udara]

sinal (m)	sinyal	[sinjal]
sinalizador (m)	roket sinyal	[roket sinjal]
estado-maior (m)	markas	[markas]
reconhecimento (m)	pengintaian	[peŋintajan]
situação (f)	keadaan	[keada'an]
relatório (m)	laporan	[laporan]
emboscada (f)	penyergapan	[penjergapan]
reforço (m)	bala bantuan	[bala bantuan]
alvo (m)	sasaran	[sasaran]
campo (m) de tiro	lapangan tembak	[lapaŋan temba']
manobras (f pl)	latihan perang	[latihan pəraŋ]
pânico (m)	panik	[pani']
devastação (f)	pengrusakan	[peŋrusakan]
ruínas (f pl)	penghancuran	[peŋhantʃuran]
destruir (vt)	menghancurkan	[məŋhantʃurkan]
sobreviver (vi)	menyintas	[mənjintas]
desarmar (vt)	melucuti	[melutʃuti]
manusear (vt)	mengendalikan	[məŋendalikan]
Firmes!	Siap!	[siap!]
Descansar!	Istirahat di tempat!	[istirahat di tempat!]
façanha (f)	keberanian	[keberanian]
juramento (m)	sumpah	[sumpah]
jurar (vi)	bersumpah	[bərsumpah]
condecoração (f)	anugerah	[anugerah]
condecorar (vt)	menganugerahi	[məŋanugerahi]
medalha (f)	medali	[medali]
ordem (f)	bintang kehormatan	[bintaŋ kehormatan]
vitória (f)	kemenangan	[kemenaŋan]
derrota (f)	kekalahan	[kekalahan]
armistício (m)	gencatan senjata	[gentʃatan sendʒiata]
bandeira (f)	bendera	[bendera]
glória (f)	kehormatan	[kehormatan]
desfile (m) militar	parade	[parade]
marchar (vi)	berbaris	[bərbaris]

114. Armas

arma (f)	senjata	[sendʒiata]
arma (f) de fogo	senjata api	[sendʒiata api]
arma (f) branca	sejata tajam	[sedʒiata tadʒiam]
arma (f) química	senjata kimia	[sendʒiata kimia]
nuclear	nuklir	[nuklir]
arma (f) nuclear	senjata nuklir	[sendʒiata nuklir]
bomba (f)	bom	[bom]

bomba (f) atómica	bom atom	[bom atom]
pistola (f)	pistol	[pistol]
caçadeira (f)	senapan	[senapan]
pistola-metralhadora (f)	senapan otomatis	[senapan otomatis]
metralhadora (f)	senapan mesin	[senapan mesin]
boca (f)	moncong	[montʃoŋ]
cano (m)	laras	[laras]
calibre (m)	kaliber	[kaliber]
gatilho (m)	pelatuk	[pelatuʔ]
mira (f)	pembidik	[pembidiʔ]
carregador (m)	magasin	[magasin]
coronha (f)	pantat senapan	[pantat senapan]
granada (f) de mão	granat tangan	[granat taŋan]
explosivo (m)	bahan peledak	[bahan peledaʔ]
bala (f)	peluru	[peluru]
cartucho (m)	patrun	[patrun]
carga (f)	isian	[isian]
munições (f pl)	amunisi	[amunisi]
bombardeiro (m)	pesawat pengebom	[pesawat peŋebom]
avião (m) de caça	pesawat pemburu	[pesawat pemburu]
helicóptero (m)	helikopter	[helikopter]
canhão (m) antiaéreo	meriam penangkis serangan udara	[meriam penaŋkis seraŋan udara]
tanque (m)	tank	[tanʔ]
canhão (de um tanque)	meriam tank	[meriam tanʔ]
artilharia (f)	artileri	[artileri]
canhão (m)	meriam	[meriam]
fazer a pontaria	mengarahkan	[məŋarahkan]
obus (m)	peluru	[peluru]
granada (f) de morteiro	peluru mortir	[peluru mortir]
morteiro (m)	mortir	[mortir]
estilhaço (m)	serpihan	[serpihan]
submarino (m)	kapal selam	[kapal selam]
torpedo (m)	torpedo	[torpedo]
míssil (m)	rudal	[rudal]
carregar (uma arma)	mengisi	[məŋisi]
atirar, disparar (vi)	menembak	[mənembaʔ]
apontar para ...	membidik	[membidiʔ]
baioneta (f)	bayonet	[bajonet]
espada (f)	pedang rapier	[pedaŋ rapier]
sabre (m)	pedang saber	[pedaŋ saber]
lança (f)	lembing	[lembiŋ]
arco (m)	busur panah	[busur panah]
flecha (f)	anak panah	[anaʔ panah]
mosquete (m)	senapan lantak	[senapan lantaʔ]
besta (f)	busur silang	[busur silaŋ]

115. Povos da antiguidade

primitivo	primitif	[primitif]
pré-histórico	prasejarah	[prasedʒ'arah]
antigo	kuno	[kuno]
Idade (f) da Pedra	Zaman Batu	[zaman batu]
Idade (f) do Bronze	Zaman Perunggu	[zaman pəruŋgu]
período (m) glacial	Zaman Es	[zaman es]
tribo (f)	suku	[suku]
canibal (m)	kanibal	[kanibal]
caçador (m)	pemburu	[pemburu]
caçar (vi)	berburu	[bərburu]
mamute (m)	mamut	[mamut]
caverna (f)	gua	[gua]
fogo (m)	api	[api]
fogueira (f)	api unggun	[api uŋgun]
pintura (f) rupestre	lukisan gua	[lukisan gua]
ferramenta (f)	alat kerja	[alat kerdʒ'a]
lança (f)	tombak	[tombaʔ]
machado (m) de pedra	kapak batu	[kapaʔ batu]
guerrear (vt)	berperang	[bərperaŋ]
domesticar (vt)	menjinakkan	[məndʒinaʔkan]
ídolo (m)	berhala	[bərhala]
adorar, venerar (vt)	memuja	[memudʒ'a]
superstição (f)	takhayul	[tahajul]
ritual (m)	upacara	[upatʃara]
evolução (f)	evolusi	[evolusi]
desenvolvimento (m)	perkembangan	[pərkembaŋan]
desaparecimento (m)	kehilangan	[kehilaŋan]
adaptar-se (vr)	menyesuaikan diri	[mənjesuajkan diri]
arqueologia (f)	arkeologi	[arkeologi]
arqueólogo (m)	arkeolog	[arkeolog]
arqueológico	arkeologis	[arkeologis]
local (m) das escavações	situs ekskavasi	[situs ekskavasi]
escavações (f pl)	ekskavasi	[ekskavasi]
achado (m)	penemuan	[penemuan]
fragmento (m)	fragmen	[fragmen]

116. Idade média

povo (m)	rakyat	[rakjat]
povos (m pl)	bangsa-bangsa	[baŋsa-baŋsa]
tribo (f)	suku	[suku]
tribos (f pl)	suku-suku	[suku-suku]
bárbaros (m pl)	kaum barbar	[kaum barbar]

gauleses (m pl)	kaum Gaul	[kaum gaul]
godos (m pl)	kaum Goth	[kaum got]
eslavos (m pl)	kaum Slavia	[kaum slavia]
víquingues (m pl)	kaum Viking	[kaum vikiŋ]
romanos (m pl)	kaum Roma	[kaum roma]
romano	Romawi	[romawi]
bizantinos (m pl)	kaum Byzantium	[kaum bizantium]
Bizâncio	Byzantium	[bizantium]
bizantino	Byzantium	[bizantium]
imperador (m)	kaisar	[kajsar]
líder (m)	pemimpin	[pemimpin]
poderoso	adikuasa, berkuasa	[adikuasa], [bərkuasa]
rei (m)	raja	[radʒʲa]
governante (m)	penguasa	[peŋuasa]
cavaleiro (m)	ksatria	[ksatria]
senhor feudal (m)	tuan	[tuan]
feudal	feodal	[feodal]
vassalo (m)	vasal	[vasal]
duque (m)	duke	[duke]
conde (m)	earl	[earl]
barão (m)	baron	[baron]
bispo (m)	uskup	[uskup]
armadura (f)	baju besi	[badʒʲu besi]
escudo (m)	perisai	[pərisaj]
espada (f)	pedang	[pedaŋ]
viseira (f)	visor, topeng besi	[visor], [topeŋ besi]
cota (f) de malha	baju zirah	[badʒʲu zirah]
cruzada (f)	Perang Salib	[pəraŋ salib]
cruzado (m)	kaum salib	[kaum salib]
território (m)	wilayah	[wilajah]
atacar (vt)	menyerang	[mənjeraŋ]
conquistar (vt)	menaklukkan	[mənaklu'kan]
ocupar, invadir (vt)	menduduki	[mənduduki]
assédio, sítio (m)	kepungan	[kepuŋan]
sitiado	terkepung	[tərkepuŋ]
assediar, sitiar (vt)	mengepung	[məŋepuŋ]
inquisição (f)	inkuisisi	[inkuisisi]
inquisidor (m)	inkuisitor	[inkuisitor]
tortura (f)	siksaan	[siksa'an]
cruel	kejam	[kedʒʲam]
herege (m)	penganut bidah	[peŋanut bidah]
heresia (f)	bidah	[bidah]
navegação (f) marítima	pelayaran laut	[pelajaran laut]
pirata (m)	bajak laut	[badʒʲa' laut]
pirataria (f)	pembajakan	[pembadʒʲakan]

abordagem (f)	serangan terhadap kapal dari dekat	[seraŋan tərhadap kapal dari dekat]
presa (f), butim (m)	rampasan	[rampasan]
tesouros (m pl)	harta karun	[harta karun]

descobrimento (m)	penemuan	[penemuan]
descobrir (novas terras)	menemukan	[mənemukan]
expedição (f)	ekspedisi	[ekspedisi]

mosqueteiro (m)	musketir	[musketir]
cardeal (m)	kardinal	[kardinal]
heráldica (f)	heraldik	[heraldiʔ]
heráldico	heraldik	[heraldiʔ]

117. Líder. Chefe. Autoridades

rei (m)	raja	[radʒʲa]
rainha (f)	ratu	[ratu]
real	kerajaan, raja	[keradʒʲaʔan], [radʒʲa]
reino (m)	kerajaan	[keradʒʲaʔan]

| príncipe (m) | pangeran | [paŋeran] |
| princesa (f) | putri | [putri] |

presidente (m)	presiden	[presiden]
vice-presidente (m)	wakil presiden	[wakil presiden]
senador (m)	senator	[senator]

monarca (m)	monark	[monarʔ]
governante (m)	penguasa	[peŋuasa]
ditador (m)	diktator	[diktator]
tirano (m)	tiran	[tiran]
magnata (m)	magnat	[magnat]
diretor (m)	direktur	[direktur]
chefe (m)	atasan	[atasan]
dirigente (m)	manajer	[manadʒʲer]
patrão (m)	bos	[bos]
dono (m)	pemilik	[pemiliʔ]

líder, chefe (m)	pemimpin	[pemimpin]
chefe (~ de delegação)	kepala	[kepala]
autoridades (f pl)	pihak berwenang	[pihaʔ bərwenaŋ]
superiores (m pl)	atasan	[atasan]

governador (m)	gabernur	[gabernur]
cônsul (m)	konsul	[konsul]
diplomata (m)	diplomat	[diplomat]
Presidente (m) da Câmara	walikota	[walikota]
xerife (m)	sheriff	[ʃeriff]

imperador (m)	kaisar	[kajsar]
czar (m)	tsar, raja	[tsar], [radʒʲa]
faraó (m)	firaun	[firaun]
cã (m)	khan	[han]

118. Viloação da lei. Criminosos. Parte 1

bandido (m)	bandit	[bandit]
crime (m)	kejahatan	[kedʒ'ahatan]
criminoso (m)	penjahat	[pendʒ'ahat]
ladrão (m)	pencuri	[pentʃuri]
roubar (vt)	mencuri	[məntʃuri]
furto, roubo (m)	pencurian	[pentʃurian]
raptar (ex. ~ uma criança)	menculik	[məntʃuliʔ]
rapto (m)	penculikan	[pentʃulikan]
raptor (m)	penculik	[pentʃuliʔ]
resgate (m)	uang tebusan	[uaŋ tebusan]
pedir resgate	menuntut uang tebusan	[mənuntut uaŋ tebusan]
roubar (vt)	merampok	[merampoʔ]
assalto, roubo (m)	perampokan	[pərampokan]
assaltante (m)	perampok	[pərampoʔ]
extorquir (vt)	memeras	[memeras]
extorsionário (m)	pemeras	[pemeras]
extorsão (f)	pemerasan	[pemerasan]
matar, assassinar (vt)	membunuh	[membunuh]
homicídio (m)	pembunuhan	[pembunuhan]
homicida, assassino (m)	pembunuh	[pembunuh]
tiro (m)	tembakan	[tembakan]
dar um tiro	melepaskan	[melepaskan]
matar a tiro	menembak mati	[mənembaʔ mati]
atirar, disparar (vi)	menembak	[mənembaʔ]
tiroteio (m)	penembakan	[penembakan]
incidente (m)	insiden, kejadian	[insiden], [kedʒ'adian]
briga (~ de rua)	perkelahian	[pərkelahian]
Socorro!	Tolong!	[toloŋ!]
vítima (f)	korban	[korban]
danificar (vt)	merusak	[merusaʔ]
dano (m)	kerusakan	[kerusakan]
cadáver (m)	jenazah, mayat	[dʒ'enazah], [majat]
grave	berat	[berat]
atacar (vt)	menyerang	[mənjeraŋ]
bater (espancar)	memukul	[memukul]
espancar (vt)	memukuli	[memukuli]
tirar, roubar (dinheiro)	merebut	[merebut]
esfaquear (vt)	menikam mati	[mənikam mati]
mutilar (vt)	mencederai	[məntʃederaj]
ferir (vt)	melukai	[melukaj]
chantagem (f)	pemerasan	[pemerasan]
chantagear (vt)	memeras	[memeras]

chantagista (m)	pemeras	[pemeras]
extorsão (em troca de proteção)	pemerasan	[pemerasan]
extorsionário (m)	pemeras	[pemeras]
gângster (m)	gangster, preman	[gaŋster], [preman]
máfia (f)	mafia	[mafia]
carteirista (m)	pencopet	[pentʃopet]
assaltante, ladrão (m)	perampok	[pərampoʔ]
contrabando (m)	penyelundupan	[penjelundupan]
contrabandista (m)	penyelundup	[penjelundup]
falsificação (f)	pemalsuan	[pemalsuan]
falsificar (vt)	memalsukan	[memalsukan]
falsificado	palsu	[palsu]

119. Viloação da lei. Criminosos. Parte 2

violação (f)	pemerkosaan	[pemerkosaʔan]
violar (vt)	memerkosa	[memerkosa]
violador (m)	pemerkosa	[pemerkosa]
maníaco (m)	maniak	[maniaʔ]
prostituta (f)	pelacur	[pelatʃur]
prostituição (f)	pelacuran	[pelatʃuran]
chulo (m)	germo	[germo]
toxicodependente (m)	pecandu narkoba	[petʃandu narkoba]
traficante (m)	pengedar narkoba	[peŋedar narkoba]
explodir (vt)	meledakkan	[meledaʔkan]
explosão (f)	ledakan	[ledakan]
incendiar (vt)	membakar	[membakar]
incendiário (m)	pelaku pembakaran	[pelaku pembakaran]
terrorismo (m)	terorisme	[tərorisme]
terrorista (m)	teroris	[təroris]
refém (m)	sandera	[sandera]
enganar (vt)	menipu	[mənipu]
engano (m)	penipuan	[penipuan]
vigarista (m)	penipu	[penipu]
subornar (vt)	menyuap	[mənyuap]
suborno (atividade)	penyuapan	[penyuapan]
suborno (dinheiro)	uang suap, suapan	[uaŋ suap], [suapan]
veneno (m)	racun	[ratʃun]
envenenar (vt)	meracuni	[meratʃuni]
envenenar-se (vr)	meracuni diri sendiri	[meratʃuni diri sendiri]
suicídio (m)	bunuh diri	[bunuh diri]
suicida (m)	pelaku bunuh diri	[pelaku bunuh diri]
ameaçar (vt)	mengancam	[məŋantʃam]

ameaça (f)	ancaman	[antʃaman]
atentar contra a vida de ...	melakukan percobaan pembunuhan	[melakukan pertʃobaʔan pembunuhan]
atentado (m)	percobaan pembunuhan	[pertʃobaʔan pembunuhan]
roubar (o carro)	mencuri	[mentʃuri]
desviar (o avião)	membajak	[membadʒʲaʔ]
vingança (f)	dendam	[dendam]
vingar (vt)	membalas dendam	[membalas dendam]
torturar (vt)	menyiksa	[mənjiksa]
tortura (f)	siksaan	[siksaʔan]
atormentar (vt)	menyiksa	[mənjiksa]
pirata (m)	bajak laut	[badʒʲaʔ laut]
desordeiro (m)	berandal	[bərandal]
armado	bersenjata	[bərsendʒʲata]
violência (f)	kekerasan	[kekerasan]
ilegal	ilegal	[ilegal]
espionagem (f)	spionase	[spionase]
espionar (vi)	memata-matai	[memata-mataj]

120. Polícia. Lei. Parte 1

justiça (f)	keadilan	[keadilan]
tribunal (m)	pengadilan	[peŋadilan]
juiz (m)	hakim	[hakim]
jurados (m pl)	anggota juri	[aŋgota dʒʲuri]
tribunal (m) do júri	pengadilan juri	[peŋadilan dʒʲuri]
julgar (vt)	mengadili	[məŋadili]
advogado (m)	advokat, pengacara	[advokat], [peŋatʃara]
réu (m)	terdakwa	[tərdakwa]
banco (m) dos réus	bangku terdakwa	[baŋku tərdakwa]
acusação (f)	tuduhan	[tuduhan]
acusado (m)	terdakwa	[tərdakwa]
sentença (f)	hukuman	[hukuman]
sentenciar (vt)	menjatuhkan hukuman	[məndʒʲatuhkan hukuman]
culpado (m)	bersalah	[bərsalah]
punir (vt)	menghukum	[məŋhukum]
punição (f)	hukuman	[hukuman]
multa (f)	denda	[denda]
prisão (f) perpétua	penjara seumur hidup	[pendʒʲara seumur hidup]
pena (f) de morte	hukuman mati	[hukuman mati]
cadeira (f) elétrica	kursi listrik	[kursi listriʔ]
forca (f)	tiang gantungan	[tiaŋ gantuŋan]
executar (vt)	menjalankan hukuman mati	[məndʒʲalankan hukuman mati]

execução (f)	hukuman mati	[hukuman mati]
prisão (f)	penjara	[pendʒˈara]
cela (f) de prisão	sel	[sel]
escolta (f)	pengawal	[peŋawal]
guarda (m) prisional	sipir, penjaga penjara	[sipir], [pendʒˈaga pendʒˈara]
preso (m)	tahanan	[tahanan]
algemas (f pl)	borgol	[borgol]
algemar (vt)	memborgol	[memborgol]
fuga, evasão (f)	pelarian	[pelarian]
fugir (vi)	melarikan diri	[melarikan diri]
desaparecer (vi)	menghilang	[məŋhilaŋ]
soltar, libertar (vt)	membebaskan	[membebaskan]
amnistia (f)	amnesti	[amnesti]
polícia (instituição)	polisi, kepolisian	[polisi], [kepolisian]
polícia (m)	polisi	[polisi]
esquadra (f) de polícia	kantor polisi	[kantor polisi]
cassetete (m)	pentungan karet	[pentuŋan karet]
megafone (m)	pengeras suara	[peŋeras suara]
carro (m) de patrulha	mobil patroli	[mobil patroli]
sirene (f)	sirene	[sirene]
ligar a sirene	membunyikan sirene	[membunjikan sirene]
toque (m) da sirene	suara sirene	[suara sirene]
cena (f) do crime	tempat kejadian perkara	[tempat kedʒˈadian pərkara]
testemunha (f)	saksi	[saksi]
liberdade (f)	kebebasan	[kebebasan]
cúmplice (m)	kaki tangan	[kaki taŋan]
escapar (vi)	melarikan diri	[melarikan diri]
traço (não deixar ~s)	jejak	[dʒˈedʒˈaʔ]

121. Polícia. Lei. Parte 2

procura (f)	pencarian	[pentʃarian]
procurar (vt)	mencari ...	[məntʃari ...]
suspeita (f)	kecurigaan	[ketʃurigaʔan]
suspeito	mencurigakan	[məntʃurigakan]
parar (vt)	menghentikan	[məŋhentikan]
deter (vt)	menahan	[mənahan]
caso (criminal)	kasus, perkara	[kasus], [pərkara]
investigação (f)	investigasi, penyidikan	[investigasi], [penjidikan]
detetive (m)	detektif	[detektif]
investigador (m)	penyidik	[penjidiʔ]
versão (f)	hipotesis	[hipotesis]
motivo (m)	motif	[motif]
interrogatório (m)	interogasi	[interogasi]
interrogar (vt)	menginterogasi	[məŋinterogasi]
questionar (vt)	menanyai	[mənanjaj]

verificação (f)	pemeriksaan	[pemeriksa'an]
batida (f) policial	razia	[razia]
busca (f)	penggeledahan	[peŋgeledahan]
perseguição (f)	pengejaran, perburuan	[peŋedʒʲaran], [pərburuan]
perseguir (vt)	mengejar	[məŋedʒʲar]
seguir (vt)	melacak	[melatʃaʔ]
prisão (f)	penahanan	[penahanan]
prender (vt)	menahan	[mənahan]
pegar, capturar (vt)	menangkap	[mənaŋkap]
captura (f)	penangkapan	[penaŋkapan]
documento (m)	dokumen	[dokumen]
prova (f)	bukti	[bukti]
provar (vt)	membuktikan	[membuktikan]
pegada (f)	jejak	[dʒʲedʒʲaʔ]
impressões (f pl) digitais	sidik jari	[sidiʔ dʒʲari]
prova (f)	barang bukti	[baraŋ bukti]
álibi (m)	alibi	[alibi]
inocente	tidak bersalah	[tidaʔ bərsalah]
injustiça (f)	ketidakadilan	[ketidakadilan]
injusto	tidak adil	[tidaʔ adil]
criminal	pidana	[pidana]
confiscar (vt)	menyita	[mənjita]
droga (f)	narkoba	[narkoba]
arma (f)	senjata	[sendʒʲata]
desarmar (vt)	melucuti	[melutʃuti]
ordenar (vt)	memerintahkan	[memerintahkan]
desaparecer (vi)	menghilang	[məŋhilaŋ]
lei (f)	hukum	[hukum]
legal	sah	[sah]
ilegal	tidak sah	[tidaʔ sah]
responsabilidade (f)	tanggung jawab	[taŋguŋ dʒʲawab]
responsável	bertanggung jawab	[bərtaŋguŋ dʒʲawab]

NATUREZA

A Terra. Parte 1

122. Espaço sideral

cosmos (m)	angkasa	[aŋkasa]
cósmico	angkasa	[aŋkasa]
espaço (m) cósmico	ruang angkasa	[ruaŋ aŋkasa]
mundo (m)	dunia	[dunia]
universo (m)	jagat raya	[dʒiagat raja]
galáxia (f)	galaksi	[galaksi]
estrela (f)	bintang	[bintaŋ]
constelação (f)	gugusan bintang	[gugusan bintaŋ]
planeta (m)	planet	[planet]
satélite (m)	satelit	[satelit]
meteorito (m)	meteorit	[meteorit]
cometa (m)	komet	[komet]
asteroide (m)	asteroid	[asteroid]
órbita (f)	orbit	[orbit]
girar (vi)	berputar	[bərputar]
atmosfera (f)	atmosfer	[atmosfer]
Sol (m)	matahari	[matahari]
Sistema (m) Solar	tata surya	[tata surja]
eclipse (m) solar	gerhana matahari	[gerhana matahari]
Terra (f)	Bumi	[bumi]
Lua (f)	Bulan	[bulan]
Marte (m)	Mars	[mars]
Vénus (f)	Venus	[venus]
Júpiter (m)	Yupiter	[yupiter]
Saturno (m)	Saturnus	[saturnus]
Mercúrio (m)	Merkurius	[merkurius]
Urano (m)	Uranus	[uranus]
Neptuno (m)	Neptunus	[neptunus]
Plutão (m)	Pluto	[pluto]
Via Láctea (f)	Bimasakti	[bimasakti]
Ursa Maior (f)	Ursa Major	[ursa madʒor]
Estrela Polar (f)	Bintang Utara	[bintaŋ utara]
marciano (m)	makhluk Mars	[mahluʔ mars]
extraterrestre (m)	makhluk ruang angkasa	[mahluʔ ruaŋ aŋkasa]

alienígena (m)	alien, makhluk asing	[alien], [mahlu' asiŋ]
disco (m) voador	piring terbang	[piriŋ tərbaŋ]
nave (f) espacial	kapal antariksa	[kapal antariksa]
estação (f) orbital	stasiun antariksa	[stasiun antariksa]
lançamento (m)	peluncuran	[peluntʃuran]
motor (m)	mesin	[mesin]
bocal (m)	nosel	[nosel]
combustível (m)	bahan bakar	[bahan bakar]
cabine (f)	kokpit	[kokpit]
antena (f)	antena	[antena]
vigia (f)	jendela	[dʒ'endela]
bateria (f) solar	sel surya	[sel surja]
traje (m) espacial	pakaian antariksa	[pakajan antariksa]
imponderabilidade (f)	keadaan tanpa bobot	[keada'an tanpa bobot]
oxigénio (m)	oksigen	[oksigen]
acoplagem (f)	penggabungan	[peŋgabuŋan]
fazer uma acoplagem	bergabung	[bərgabuŋ]
observatório (m)	observatorium	[observatorium]
telescópio (m)	teleskop	[teleskop]
observar (vt)	mengamati	[məŋamati]
explorar (vt)	mengeksplorasi	[məŋeksplorasi]

123. A Terra

Terra (f)	Bumi	[bumi]
globo terrestre (Terra)	bola Bumi	[bola bumi]
planeta (m)	planet	[planet]
atmosfera (f)	atmosfer	[atmosfer]
geografia (f)	geografi	[geografi]
natureza (f)	alam	[alam]
globo (mapa esférico)	globe	[globe]
mapa (m)	peta	[peta]
atlas (m)	atlas	[atlas]
Europa (f)	Eropa	[eropa]
Ásia (f)	Asia	[asia]
África (f)	Afrika	[afrika]
Austrália (f)	Australia	[australia]
América (f)	Amerika	[amerika]
América (f) do Norte	Amerika Utara	[amerika utara]
América (f) do Sul	Amerika Selatan	[amerika selatan]
Antártida (f)	Antartika	[antartika]
Ártico (m)	Arktika	[arktika]

124. Pontos cardeais

norte (m)	utara	[utara]
para norte	ke utara	[ke utara]
no norte	di utara	[di utara]
do norte	utara	[utara]
sul (m)	selatan	[selatan]
para sul	ke selatan	[ke selatan]
no sul	di selatan	[di selatan]
do sul	selatan	[selatan]
oeste, ocidente (m)	barat	[barat]
para oeste	ke barat	[ke barat]
no oeste	di barat	[di barat]
ocidental	barat	[barat]
leste, oriente (m)	timur	[timur]
para leste	ke timur	[ke timur]
no leste	di timur	[di timur]
oriental	timur	[timur]

125. Mar. Oceano

mar (m)	laut	[laut]
oceano (m)	samudra	[samudra]
golfo (m)	teluk	[telu²]
estreito (m)	selat	[selat]
terra (f) firme	daratan	[daratan]
continente (m)	benua	[benua]
ilha (f)	pulau	[pulau]
península (f)	semenanjung, jazirah	[semenandʒʲuŋ], [dʒʲazirah]
arquipélago (m)	kepulauan	[kepulauan]
baía (f)	teluk	[telu²]
porto (m)	pelabuhan	[pelabuhan]
lagoa (f)	laguna	[laguna]
cabo (m)	tanjung	[tandʒʲuŋ]
atol (m)	pulau karang	[pulau karaŋ]
recife (m)	terumbu	[tərumbu]
coral (m)	karang	[karaŋ]
recife (m) de coral	terumbu karang	[tərumbu karaŋ]
profundo	dalam	[dalam]
profundidade (f)	kedalaman	[kedalaman]
abismo (m)	jurang	[dʒʲuraŋ]
fossa (f) oceânica	palung	[paluŋ]
corrente (f)	arus	[arus]
banhar (vt)	berbatasan dengan	[bərbatasan deŋan]

| litoral (m) | pantai | [pantaj] |
| costa (f) | pantai | [pantaj] |

maré (f) alta	air pasang	[air pasaŋ]
refluxo (m), maré (f) baixa	air surut	[air surut]
restinga (f)	beting	[betiŋ]
fundo (m)	dasar	[dasar]

onda (f)	gelombang	[gelombaŋ]
crista (f) da onda	puncak gelombang	[puntʃaʔ gelombaŋ]
espuma (f)	busa, buih	[busa], [buih]

tempestade (f)	badai	[badaj]
furacão (m)	topan	[topan]
tsunami (m)	tsunami	[tsunami]
calmaria (f)	angin tenang	[aŋin tenaŋ]
calmo	tenang	[tenaŋ]

| polo (m) | kutub | [kutub] |
| polar | kutub | [kutub] |

latitude (f)	lintang	[lintaŋ]
longitude (f)	garis bujur	[garis budʒʲur]
paralela (f)	sejajar	[sedʒʲadʒʲar]
equador (m)	khatulistiwa	[hatulistiwa]

céu (m)	langit	[laŋit]
horizonte (m)	horizon	[horizon]
ar (m)	udara	[udara]

farol (m)	mercusuar	[mertʃusuar]
mergulhar (vi)	menyelam	[mənjelam]
afundar-se (vr)	karam	[karam]
tesouros (m pl)	harta karun	[harta karun]

126. Nomes de Mares e Oceanos

Oceano (m) Atlântico	Samudra Atlantik	[samudra atlantiʔ]
Oceano (m) Índico	Samudra Hindia	[samudra hindia]
Oceano (m) Pacífico	Samudra Pasifik	[samudra pasifiʔ]
Oceano (m) Ártico	Samudra Arktik	[samudra arktiʔ]

Mar (m) Negro	Laut Hitam	[laut hitam]
Mar (m) Vermelho	Laut Merah	[laut merah]
Mar (m) Amarelo	Laut Kuning	[laut kuniŋ]
Mar (m) Branco	Laut Putih	[laut putih]

Mar (m) Cáspio	Laut Kaspia	[laut kaspia]
Mar (m) Morto	Laut Mati	[laut mati]
Mar (m) Mediterrâneo	Laut Tengah	[laut teŋah]

Mar (m) Egeu	Laut Aegean	[laut aegean]
Mar (m) Adriático	Laut Adriatik	[laut adriatiʔ]
Mar (m) Arábico	Laut Arab	[laut arab]

Mar (m) do Japão	Laut Jepang	[laut dʒʲepaŋ]
Mar (m) de Bering	Laut Bering	[laut beriŋ]
Mar (m) da China Meridional	Laut Cina Selatan	[laut tʃina selatan]

Mar (m) de Coral	Laut Karang	[laut karaŋ]
Mar (m) de Tasman	Laut Tasmania	[laut tasmania]
Mar (m) do Caribe	Laut Karibia	[laut karibia]

| Mar (m) de Barents | Laut Barents | [laut barents] |
| Mar (m) de Kara | Laut Kara | [laut kara] |

Mar (m) do Norte	Laut Utara	[laut utara]
Mar (m) Báltico	Laut Baltik	[laut baltiʔ]
Mar (m) da Noruega	Laut Norwegia	[laut norwegia]

127. Montanhas

montanha (f)	gunung	[gunuŋ]
cordilheira (f)	jajaran gunung	[dʒʲadʒʲaran gunuŋ]
serra (f)	sisir gunung	[sisir gunuŋ]

cume (m)	puncak	[puntʃaʔ]
pico (m)	puncak	[puntʃaʔ]
sopé (m)	kaki	[kaki]
declive (m)	lereng	[lereŋ]

vulcão (m)	gunung api	[gunuŋ api]
vulcão (m) ativo	gunung api yang aktif	[gunuŋ api yaŋ aktif]
vulcão (m) extinto	gunung api yang tidak aktif	[gunuŋ api yaŋ tidaʔ aktif]

erupção (f)	erupsi, letusan	[erupsi], [letusan]
cratera (f)	kawah	[kawah]
magma (m)	magma	[magma]
lava (f)	lava, lahar	[lava], [lahar]
fundido (lava ~a)	pijar	[pidʒʲar]

desfiladeiro (m)	kanyon	[kanjon]
garganta (f)	jurang	[dʒʲuraŋ]
fenda (f)	celah	[tʃelah]
precipício (m)	jurang	[dʒʲuraŋ]

passo, colo (m)	pass, celah	[pass], [tʃelah]
planalto (m)	plato, dataran tinggi	[plato], [dataran tiŋgi]
falésia (f)	tebing	[tebiŋ]
colina (f)	bukit	[bukit]

glaciar (m)	gletser	[gletser]
queda (f) d'água	air terjun	[air tərdʒʲun]
géiser (m)	geiser	[geyser]
lago (m)	danau	[danau]

planície (f)	dataran	[dataran]
paisagem (f)	landskap	[landskap]
eco (m)	gema	[gema]

alpinista (m)	pendaki gunung	[pendaki gunuŋ]
escalador (m)	pemanjat tebing	[pemandʒʲat tebiŋ]
conquistar (vt)	menaklukkan	[mənakluʔkan]
subida, escalada (f)	pendakian	[pendakian]

128. Nomes de montanhas

Alpes (m pl)	Alpen	[alpen]
monte Branco (m)	Mont Blanc	[mon blan]
Pirineus (m pl)	Pirenia	[pirenia]
Cárpatos (m pl)	Pegunungan Karpatia	[peguŋuŋan karpatia]
montes (m pl) Urais	Pegunungan Ural	[peguŋuŋan ural]
Cáucaso (m)	Kaukasus	[kaukasus]
Elbrus (m)	Elbrus	[elbrus]
Altai (m)	Altai	[altaj]
Tian Shan (m)	Tien Shan	[tjen ʃan]
Pamir (m)	Pegunungan Pamir	[peguŋuŋan pamir]
Himalaias (m pl)	Himalaya	[himalaja]
monte (m) Everest	Everest	[everest]
Cordilheira (f) dos Andes	Andes	[andes]
Kilimanjaro (m)	Kilimanjaro	[kilimandʒʲaro]

129. Rios

rio (m)	sungai	[suŋaj]
fonte, nascente (f)	mata air	[mata air]
leito (m) do rio	badan sungai	[badan suŋaj]
bacia (f)	basin	[basin]
desaguar no ...	mengalir ke ...	[məŋalir ke ...]
afluente (m)	anak sungai	[anaʔ suŋaj]
margem (do rio)	tebing sungai	[tebiŋ suŋaj]
corrente (f)	arus	[arus]
rio abaixo	ke hilir	[ke hilir]
rio acima	ke hulu	[ke hulu]
inundação (f)	banjir	[bandʒir]
cheia (f)	banjir	[bandʒir]
transbordar (vi)	membanjiri	[membandʒiri]
inundar (vt)	membanjiri	[membandʒiri]
banco (m) de areia	beting	[betiŋ]
rápidos (m pl)	jeram	[dʒʲeram]
barragem (f)	dam, bendungan	[dam], [benduŋan]
canal (m)	kanal, terusan	[kanal], [tərusan]
reservatório (m) de água	waduk	[waduʔ]
eclusa (f)	pintu air	[pintu air]

corpo (m) de água	kolam	[kolam]
pântano (m)	rawa	[rawa]
tremedal (m)	bencah, paya	[bentʃah], [paja]
remoinho (m)	pusaran air	[pusaran air]
arroio, regato (m)	selokan	[selokan]
potável	minum	[minum]
doce (água)	tawar	[tawar]
gelo (m)	es	[es]
congelar-se (vr)	membeku	[membeku]

130. Nomes de rios

rio Sena (m)	Seine	[seine]
rio Loire (m)	Loire	[loire]
rio Tamisa (m)	Thames	[tems]
rio Reno (m)	Rein	[reyn]
rio Danúbio (m)	Donau	[donau]
rio Volga (m)	Volga	[volga]
rio Don (m)	Don	[don]
rio Lena (m)	Lena	[lena]
rio Amarelo (m)	Suang Kuning	[suaŋ kuniŋ]
rio Yangtzé (m)	Yangtze	[yaŋtze]
rio Mekong (m)	Mekong	[mekoŋ]
rio Ganges (m)	Gangga	[gaŋga]
rio Nilo (m)	Sungai Nil	[suŋaj nil]
rio Congo (m)	Kongo	[koŋo]
rio Cubango (m)	Okavango	[okavaŋo]
rio Zambeze (m)	Zambezi	[zambezi]
rio Limpopo (m)	Limpopo	[limpopo]
rio Mississípi (m)	Mississippi	[misisipi]

131. Floresta

floresta (f), bosque (m)	hutan	[hutan]
florestal	hutan	[hutan]
mata (f) cerrada	hutan lebat	[hutan lebat]
arvoredo (m)	hutan kecil	[hutan ketʃil]
clareira (f)	pembukaan hutan	[pembukaʔan hutan]
matagal (m)	semak belukar	[semaʔ belukar]
mato (m)	belukar	[belukar]
vereda (f)	jalan setapak	[dʒjalan setapaʔ]
ravina (f)	parit	[parit]
árvore (f)	pohon	[pohon]

folha (f)	daun	[daun]
folhagem (f)	daun-daunan	[daun-daunan]
queda (f) das folhas	daun berguguran	[daun berguguran]
cair (vi)	luruh	[luruh]
topo (m)	puncak	[puntʃaʔ]
ramo (m)	cabang	[tʃabaŋ]
galho (m)	dahan	[dahan]
botão, rebento (m)	tunas	[tunas]
agulha (f)	daun jarum	[daun dʒʲarum]
pinha (f)	buah pinus	[buah pinus]
buraco (m) de árvore	lubang pohon	[lubaŋ pohon]
ninho (m)	sarang	[saraŋ]
toca (f)	lubang	[lubaŋ]
tronco (m)	batang	[bataŋ]
raiz (f)	akar	[akar]
casca (f) de árvore	kulit	[kulit]
musgo (m)	lumut	[lumut]
arrancar pela raiz	mencabut	[mentʃabut]
cortar (vt)	menebang	[menebaŋ]
desflorestar (vt)	deforestasi, penggundulan hutan	[deforestasi], [peŋgundulan hutan]
toco, cepo (m)	tunggul	[tuŋgul]
fogueira (f)	api unggun	[api uŋgun]
incêndio (m) florestal	kebakaran hutan	[kebakaran hutan]
apagar (vt)	memadamkan	[memadamkan]
guarda-florestal (m)	penjaga hutan	[pendʒʲaga hutan]
proteção (f)	perlindungan	[pərlinduŋan]
proteger (a natureza)	melindungi	[melinduɲi]
caçador (m) furtivo	pemburu ilegal	[pemburu ilegal]
armadilha (f)	perangkap	[pəraŋkap]
colher (cogumelos, bagas)	memetik	[memetiʔ]
perder-se (vr)	tersesat	[tərsesat]

132. Recursos naturais

recursos (m pl) naturais	sumber daya alam	[sumber daja alam]
minerais (m pl)	bahan tambang	[bahan tambaŋ]
depósitos (m pl)	endapan	[endapan]
jazida (f)	ladang	[ladaŋ]
extrair (vt)	menambang	[menambaŋ]
extração (f)	pertambangan	[pərtambaŋan]
minério (m)	bijih	[bidʒih]
mina (f)	tambang	[tambaŋ]
poço (m) de mina	sumur tambang	[sumur tambaŋ]
mineiro (m)	penambang	[penambaŋ]

| gás (m) | gas | [gas] |
| gasoduto (m) | pipa saluran gas | [pipa saluran gas] |

petróleo (m)	petroleum, minyak	[petroleum], [minjaʔ]
oleoduto (m)	pipa saluran minyak	[pipa saluran minjaʔ]
poço (m) de petróleo	sumur minyak	[sumur minjaʔ]
torre (f) petrolífera	menara bor minyak	[mənara bor minjaʔ]
petroleiro (m)	kapal tangki	[kapal taŋki]

areia (f)	pasir	[pasir]
calcário (m)	batu kapur	[batu kapur]
cascalho (m)	kerikil	[kerikil]
turfa (f)	gambut	[gambut]
argila (f)	tanah liat	[tanah liat]
carvão (m)	arang	[araŋ]

ferro (m)	besi	[besi]
ouro (m)	emas	[emas]
prata (f)	perak	[peraʔ]
níquel (m)	nikel	[nikel]
cobre (m)	tembaga	[tembaga]

zinco (m)	seng	[seŋ]
manganês (m)	mangan	[maŋan]
mercúrio (m)	air raksa	[air raksa]
chumbo (m)	timbal	[timbal]

mineral (m)	mineral	[mineral]
cristal (m)	kristal, hablur	[kristal], [hablur]
mármore (m)	marmer	[marmer]
urânio (m)	uranium	[uranium]

A Terra. Parte 2

133. Tempo

tempo (m)	cuaca	[ʧuaʧa]
previsão (f) do tempo	prakiraan cuaca	[prakira'an ʧuaʧa]
temperatura (f)	temperatur, suhu	[temperatur], [suhu]
termómetro (m)	termometer	[tərmometər]
barómetro (m)	barometer	[barometer]

húmido	lembap	[lembap]
humidade (f)	kelembapan	[kelembapan]

calor (m)	panas, gerah	[panas], [gerah]
cálido	panas terik	[panas təri']
está muito calor	panas	[panas]

está calor	hangat	[haŋat]
quente	hangat	[haŋat]

está frio	dingin	[diŋin]
frio	dingin	[diŋin]

sol (m)	matahari	[matahari]
brilhar (vi)	bersinar	[bərsinar]
de sol, ensolarado	cerah	[ʧerah]
nascer (vi)	terbit	[terbit]
pôr-se (vr)	terbenam	[tərbenam]

nuvem (f)	awan	[awan]
nublado	berawan	[bərawan]
nuvem (f) preta	awan mendung	[awan menduŋ]
escuro, cinzento	mendung	[menduŋ]

chuva (f)	hujan	[huʤʲan]
está a chover	hujan turun	[huʤʲan turun]
chuvoso	hujan	[huʤʲan]
chuviscar (vi)	gerimis	[gerimis]

chuva (f) torrencial	hujan lebat	[huʤʲan lebat]
chuvada (f)	hujan lebat	[huʤʲan lebat]
forte (chuva)	lebat	[lebat]

poça (f)	kubangan	[kubaŋan]
molhar-se (vr)	kehujanan	[kehuʤʲanan]

nevoeiro (m)	kabut	[kabut]
de nevoeiro	berkabut	[bərkabut]
neve (f)	salju	[salʤʲu]
está a nevar	turun salju	[turun salʤʲu]

134. Tempo extremo. Catástrofes naturais

trovoada (f)	hujan badai	[hudʒʲan badaj]
relâmpago (m)	kilat	[kilat]
relampejar (vi)	berkilau	[bərkilau]
trovão (m)	petir	[petir]
trovejar (vi)	bergemuruh	[bərgemuruh]
está a trovejar	bergemuruh	[bərgemuruh]
granizo (m)	hujan es	[hudʒʲan es]
está a cair granizo	hujan es	[hudʒʲan es]
inundar (vt)	membanjiri	[membandʒiri]
inundação (f)	banjir	[bandʒir]
terremoto (m)	gempa bumi	[gempa bumi]
abalo, tremor (m)	gempa	[gempa]
epicentro (m)	episentrum	[episentrum]
erupção (f)	erupsi, letusan	[erupsi], [letusan]
lava (f)	lava, lahar	[lava], [lahar]
turbilhão (m)	puting beliung	[putiŋ beliuŋ]
tornado (m)	tornado	[tornado]
tufão (m)	topan	[topan]
furacão (m)	topan	[topan]
tempestade (f)	badai	[badaj]
tsunami (m)	tsunami	[tsunami]
ciclone (m)	siklon	[siklon]
mau tempo (m)	cuaca buruk	[tʃuatʃa buruʔ]
incêndio (m)	kebakaran	[kebakaran]
catástrofe (f)	bencana	[bentʃana]
meteorito (m)	meteorit	[meteorit]
avalanche (f)	longsor	[loŋsor]
deslizamento (m) de neve	salju longsor	[saldʒʲu loŋsor]
nevasca (f)	badai salju	[badaj saldʒʲu]
tempestade (f) de neve	badai salju	[badaj saldʒʲu]

Fauna

135. Mamíferos. Predadores

predador (m)	predator, pemangsa	[predator], [pemaŋsa]
tigre (m)	harimau	[harimau]
leão (m)	singa	[siŋa]
lobo (m)	serigala	[serigala]
raposa (f)	rubah	[rubah]
jaguar (m)	jaguar	[dʒˈaguar]
leopardo (m)	leopard, macan tutul	[leopard], [matʃan tutul]
chita (f)	cheetah	[tʃeetah]
pantera (f)	harimau kumbang	[harimau kumbaŋ]
puma (m)	singa gunung	[siŋa gunuŋ]
leopardo-das-neves (m)	harimau bintang salju	[harimau bintaŋ saldʒʲu]
lince (m)	lynx	[links]
coiote (m)	koyote	[koyot]
chacal (m)	jakal	[dʒʲakal]
hiena (f)	hiena	[hiena]

136. Animais selvagens

animal (m)	binatang	[binataŋ]
besta (f)	binatang buas	[binataŋ buas]
esquilo (m)	bajing	[badʒiŋ]
ouriço (m)	landak susu	[landaˀ susu]
lebre (f)	terwelu	[tərwelu]
coelho (m)	kelinci	[kelintʃi]
texugo (m)	luak	[luaˀ]
guaxinim (m)	rakun	[rakun]
hamster (m)	hamster	[hamster]
marmota (f)	marmut	[marmut]
toupeira (f)	tikus mondok	[tikus mondoˀ]
rato (m)	tikus	[tikus]
ratazana (f)	tikus besar	[tikus besar]
morcego (m)	kelelawar	[kelelawar]
arminho (m)	ermin	[ermin]
zibelina (f)	sabel	[sabel]
marta (f)	marten	[marten]
doninha (f)	musang	[musaŋ]
vison (m)	cerpelai	[tʃerpelaj]

castor (m)	beaver	[beaver]
lontra (f)	berang-berang	[bəraŋ-bəraŋ]
cavalo (m)	kuda	[kuda]
alce (m)	rusa besar	[rusa besar]
veado (m)	rusa	[rusa]
camelo (m)	unta	[unta]
bisão (m)	bison	[bison]
auroque (m)	aurochs	[oroks]
búfalo (m)	kerbau	[kerbau]
zebra (f)	kuda belang	[kuda belaŋ]
antílope (m)	antelop	[antelop]
corça (f)	kijang	[kidʒʲaŋ]
gamo (m)	rusa	[rusa]
camurça (f)	chamois	[ʃemva]
javali (m)	babi hutan jantan	[babi hutan dʒʲantan]
baleia (f)	ikan paus	[ikan paus]
foca (f)	anjing laut	[andʒiŋ laut]
morsa (f)	walrus	[walrus]
urso-marinho (m)	anjing laut berbulu	[andʒiŋ laut bərbulu]
golfinho (m)	lumba-lumba	[lumba-lumba]
urso (m)	beruang	[bəruaŋ]
urso (m) branco	beruang kutub	[bəruaŋ kutub]
panda (m)	panda	[panda]
macaco (em geral)	monyet	[monjet]
chimpanzé (m)	simpanse	[simpanse]
orangotango (m)	orang utan	[oraŋ utan]
gorila (m)	gorila	[gorila]
macaco (m)	kera	[kera]
gibão (m)	siamang, ungka	[siamaŋ], [uŋka]
elefante (m)	gajah	[gadʒʲah]
rinoceronte (m)	badak	[badaʔ]
girafa (f)	jerapah	[dʒʲerapah]
hipopótamo (m)	kuda nil	[kuda nil]
canguru (m)	kanguru	[kaŋuru]
coala (m)	koala	[koala]
mangusto (m)	garangan	[garaŋan]
chinchila (m)	chinchilla	[ʧinʧilla]
doninha-fedorenta (f)	sigung	[siguŋ]
porco-espinho (m)	landak	[landaʔ]

137. Animais domésticos

gata (f)	kucing betina	[kuʧiŋ betina]
gato (m) macho	kucing jantan	[kuʧiŋ dʒʲantan]
cão (m)	anjing	[andʒiŋ]

cavalo (m)	kuda	[kuda]
garanhão (m)	kuda jantan	[kuda dʒˈantan]
égua (f)	kuda betina	[kuda betina]
vaca (f)	sapi	[sapi]
touro (m)	sapi jantan	[sapi dʒˈantan]
boi (m)	lembu jantan	[lembu dʒˈantan]
ovelha (f)	domba	[domba]
carneiro (m)	domba jantan	[domba dʒˈantan]
cabra (f)	kambing betina	[kambiŋ betina]
bode (m)	kambing jantan	[kambiŋ dʒˈantan]
burro (m)	keledai	[keledaj]
mula (f)	bagal	[bagal]
porco (m)	babi	[babi]
leitão (m)	anak babi	[anaʔ babi]
coelho (m)	kelinci	[kelintʃi]
galinha (f)	ayam betina	[ajam betina]
galo (m)	ayam jago	[ajam dʒˈago]
pata (f)	bebek	[bebeʔ]
pato (macho)	bebek jantan	[bebeʔ dʒˈantan]
ganso (m)	angsa	[aŋsa]
peru (m)	kalkun jantan	[kalkun dʒˈantan]
perua (f)	kalkun betina	[kalkun betina]
animais (m pl) domésticos	binatang piaraan	[binataŋ piaraʔan]
domesticado	jinak	[dʒina?]
domesticar (vt)	menjinakkan	[məndʒinaʔkan]
criar (vt)	membiakkan	[membiaʔkan]
quinta (f)	peternakan	[peternakan]
aves (f pl) domésticas	unggas	[uŋgas]
gado (m)	ternak	[ternaʔ]
rebanho (m), manada (f)	kawanan	[kawanan]
estábulo (m)	kandang kuda	[kandaŋ kuda]
pocilga (f)	kandang babi	[kandaŋ babi]
estábulo (m)	kandang sapi	[kandaŋ sapi]
coelheira (f)	sangkar kelinci	[saŋkar kelintʃi]
galinheiro (m)	kandang ayam	[kandaŋ ajam]

138. Pássaros

pássaro (m), ave (f)	burung	[buruŋ]
pombo (m)	burung dara	[buruŋ dara]
pardal (m)	burung gereja	[buruŋ geredʒˈa]
chapim-real (m)	burung tit	[buruŋ tit]
pega-rabuda (f)	burung murai	[buruŋ muraj]
corvo (m)	burung raven	[buruŋ raven]

gralha (f) cinzenta	burung gagak	[buruŋ gaga ʔ]
gralha-de-nuca-cinzenta (f)	burung gagak kecil	[buruŋ gaga ʔ ketʃil]
gralha-calva (f)	burung rook	[buruŋ roo ʔ]
pato (m)	bebek	[bebe ʔ]
ganso (m)	angsa	[aŋsa]
faisão (m)	burung kuau	[buruŋ kuau]
águia (f)	rajawali	[radʒʲawali]
açor (m)	elang	[elaŋ]
falcão (m)	alap-alap	[alap-alap]
abutre (m)	hering	[heriŋ]
condor (m)	kondor	[kondor]
cisne (m)	angsa	[aŋsa]
grou (m)	burung jenjang	[buruŋ dʒʲendʒʲaŋ]
cegonha (f)	bangau	[baŋau]
papagaio (m)	burung nuri	[buruŋ nuri]
beija-flor (m)	burung kolibri	[buruŋ kolibri]
pavão (m)	burung merak	[buruŋ mera ʔ]
avestruz (m)	burung unta	[buruŋ unta]
garça (f)	kuntul	[kuntul]
flamingo (m)	burung flamingo	[buruŋ flamiŋo]
pelicano (m)	pelikan	[pelikan]
rouxinol (m)	burung bulbul	[buruŋ bulbul]
andorinha (f)	burung walet	[buruŋ walet]
tordo-zornal (m)	burung jalak	[buruŋ dʒʲala ʔ]
tordo-músico (m)	burung jalak suren	[buruŋ dʒʲala ʔ suren]
melro-preto (m)	burung jalak hitam	[buruŋ dʒʲala ʔ hitam]
andorinhão (m)	burung apus-apus	[buruŋ apus-apus]
cotovia (f)	burung lark	[buruŋ lar ʔ]
codorna (f)	burung puyuh	[buruŋ puyuh]
pica-pau (m)	burung pelatuk	[buruŋ pelatu ʔ]
cuco (m)	burung kukuk	[buruŋ kuku ʔ]
coruja (f)	burung hantu	[buruŋ hantu]
corujão, bufo (m)	burung hantu bertanduk	[buruŋ hantu bertandu ʔ]
tetraz-grande (m)	burung murai kayu	[buruŋ muraj kaju]
tetraz-lira (m)	burung belibis hitam	[buruŋ belibis hitam]
perdiz-cinzenta (f)	ayam hutan	[ajam hutan]
estorninho (m)	burung starling	[buruŋ starliŋ]
canário (m)	burung kenari	[buruŋ kenari]
galinha-do-mato (f)	ayam hutan hazel	[ajam hutan hazel]
tentilhão (m)	burung chaffinch	[buruŋ tʃaffintʃ]
dom-fafe (m)	burung bullfinch	[buruŋ bullfintʃ]
gaivota (f)	burung camar	[buruŋ tʃamar]
albatroz (m)	albatros	[albatros]
pinguim (m)	penguin	[peŋuin]

139. Peixes. Animais marinhos

brema (f)	ikan bream	[ikan bream]
carpa (f)	ikan karper	[ikan karper]
perca (f)	ikan tilapia	[ikan tilapia]
siluro (m)	lais junggang	[lajs dʒˈuŋgaŋ]
lúcio (m)	ikan pike	[ikan paik]
salmão (m)	salmon	[salmon]
esturjão (m)	ikan sturgeon	[ikan sturdʒˈen]
arenque (m)	ikan haring	[ikan hariŋ]
salmão (m)	ikan salem	[ikan salem]
cavala, sarda (f)	ikan kembung	[ikan kembuŋ]
solha (f)	ikan sebelah	[ikan sebelah]
lúcio perca (m)	ikan seligi tenggeran	[ikan seligi teŋgeran]
bacalhau (m)	ikan kod	[ikan kod]
atum (m)	tuna	[tuna]
truta (f)	ikan forel	[ikan forel]
enguia (f)	belut	[belut]
raia elétrica (f)	ikan pari listrik	[ikan pari listriʔ]
moreia (f)	belut moray	[belut morey]
piranha (f)	ikan piranha	[ikan piranha]
tubarão (m)	ikan hiu	[ikan hiu]
golfinho (m)	lumba-lumba	[lumba-lumba]
baleia (f)	ikan paus	[ikan paus]
caranguejo (m)	kepiting	[kepitiŋ]
medusa, alforreca (f)	ubur-ubur	[ubur-ubur]
polvo (m)	gurita	[gurita]
estrela-do-mar (f)	bintang laut	[bintaŋ laut]
ouriço-do-mar (m)	landak laut	[landaʔ laut]
cavalo-marinho (m)	kuda laut	[kuda laut]
ostra (f)	tiram	[tiram]
camarão (m)	udang	[udaŋ]
lavagante (m)	udang karang	[udaŋ karaŋ]
lagosta (f)	lobster berduri	[lobster berduri]

140. Amfíbios. Répteis

serpente, cobra (f)	ular	[ular]
venenoso	berbisa	[bərbisa]
víbora (f)	ular viper	[ular viper]
cobra-capelo, naja (f)	kobra	[kobra]
pitão (m)	ular sanca	[ular santʃa]
jiboia (f)	ular boa	[ular boa]
cobra-de-água (f)	ular tanah	[ular tanah]

cascavel (f)	ular derik	[ular deriʔ]
anaconda (f)	ular anakonda	[ular anakonda]

lagarto (m)	kadal	[kadal]
iguana (f)	iguana	[iguana]
varano (m)	biawak	[biawaʔ]
salamandra (f)	salamander	[salamander]
camaleão (m)	bunglon	[buŋlon]
escorpião (m)	kalajengking	[kaladʒʲeŋkiŋ]

tartaruga (f)	kura-kura	[kura-kura]
rã (f)	katak	[kataʔ]
sapo (m)	kodok	[kodoʔ]
crocodilo (m)	buaya	[buaja]

141. Insetos

inseto (m)	serangga	[seraŋga]
borboleta (f)	kupu-kupu	[kupu-kupu]
formiga (f)	semut	[semut]
mosca (f)	lalat	[lalat]
mosquito (m)	nyamuk	[njamuʔ]
escaravelho (m)	kumbang	[kumbaŋ]

vespa (f)	tawon	[tawon]
abelha (f)	lebah	[lebah]
mamangava (f)	kumbang	[kumbaŋ]
moscardo (m)	lalat kerbau	[lalat kerbau]

aranha (f)	laba-laba	[laba-laba]
teia (f) de aranha	sarang laba-laba	[saraŋ laba-laba]

libélula (f)	capung	[t͡ʃapuŋ]
gafanhoto-do-campo (m)	belalang	[belalaŋ]
traça (f)	ngengat	[ŋeŋat]

barata (f)	kecoa	[ket͡ʃoa]
carraça (f)	kutu	[kutu]
pulga (f)	kutu loncat	[kutu lont͡ʃat]
borrachudo (m)	agas	[agas]

gafanhoto (m)	belalang	[belalaŋ]
caracol (m)	siput	[siput]
grilo (m)	jangkrik	[dʒʲaŋkriʔ]
pirilampo (m)	kunang-kunang	[kunaŋ-kunaŋ]
joaninha (f)	kumbang koksi	[kumbaŋ koksi]
besouro (m)	kumbang Cockchafer	[kumbaŋ kokʃafer]

sanguessuga (f)	lintah	[lintah]
lagarta (f)	ulat	[ulat]
minhoca (f)	cacing	[t͡ʃat͡ʃiŋ]
larva (f)	larva	[larva]

Flora

142. Árvores

árvore (f)	pohon	[pohon]
decídua	daun luruh	[daun luruh]
conífera	pohon jarum	[pohon dʒiarum]
perene	selalu hijau	[selalu hidʒiau]
macieira (f)	pohon apel	[pohon apel]
pereira (f)	pohon pir	[pohon pir]
cerejeira (f)	pohon ceri manis	[pohon tʃeri manis]
ginjeira (f)	pohon ceri asam	[pohon tʃeri asam]
ameixeira (f)	pohon plum	[pohon plum]
bétula (f)	pohon berk	[pohon bərʔ]
carvalho (m)	pohon eik	[pohon eiʔ]
tília (f)	pohon linden	[pohon linden]
choupo-tremedor (m)	pohon aspen	[pohon aspen]
bordo (m)	pohon mapel	[pohon mapel]
espruce-europeu (m)	pohon den	[pohon den]
pinheiro (m)	pohon pinus	[pohon pinus]
alerce, lariço (m)	pohon larch	[pohon lartʃ]
abeto (m)	pohon fir	[pohon fir]
cedro (m)	pohon aras	[pohon aras]
choupo, álamo (m)	pohon poplar	[pohon poplar]
tramazeira (f)	pohon rowan	[pohon rowan]
salgueiro (m)	pohon dedalu	[pohon dedalu]
amieiro (m)	pohon alder	[pohon alder]
faia (f)	pohon nothofagus	[pohon notofagus]
ulmeiro (m)	pohon elm	[pohon elm]
freixo (m)	pohon abu	[pohon abu]
castanheiro (m)	kastanye	[kastanje]
magnólia (f)	magnolia	[magnolia]
palmeira (f)	palem	[palem]
cipreste (m)	pokok cipres	[pokoʔ sipres]
mangue (m)	bakau	[bakau]
embondeiro, baobá (m)	baobab	[baobab]
eucalipto (m)	kayu putih	[kaju putih]
sequoia (f)	sequoia	[sekuoia]

143. Arbustos

arbusto (m)	rumpun	[rumpun]
arbusto (m), moita (f)	semak	[semaʔ]

videira (f)	pohon anggur	[pohon aŋgur]
vinhedo (m)	kebun anggur	[kebun aŋgur]
framboeseira (f)	pohon frambus	[pohon frambus]
groselheira-preta (f)	pohon blackcurrant	[pohon bleʔkaren]
groselheira-vermelha (f)	pohon redcurrant	[pohon redkaren]
groselheira (f) espinhosa	pohon arbei hijau	[pohon arbei hidʒˈau]
acácia (f)	pohon akasia	[pohon akasia]
bérberis (f)	pohon barberis	[pohon barberis]
jasmim (m)	melati	[melati]
junípero (m)	pohon juniper	[pohon dʒˈuniper]
roseira (f)	pohon mawar	[pohon mawar]
roseira (f) brava	pohon mawar liar	[pohon mawar liar]

144. Frutos. Bagas

fruta (f)	buah	[buah]
frutas (f pl)	buah-buahan	[buah-buahan]
maçã (f)	apel	[apel]
pera (f)	pir	[pir]
ameixa (f)	plum	[plum]
morango (m)	stroberi	[stroberi]
ginja (f)	buah ceri asam	[buah tʃeri asam]
cereja (f)	buah ceri manis	[buah tʃeri manis]
uva (f)	buah anggur	[buah aŋgur]
framboesa (f)	buah frambus	[buah frambus]
groselha (f) preta	blackcurrant	[bleʔkaren]
groselha (f) vermelha	redcurrant	[redkaren]
groselha (f) espinhosa	buah arbei hijau	[buah arbei hidʒˈau]
oxicoco (m)	buah kranberi	[buah kranberi]
laranja (f)	jeruk manis	[dʒˈeruʔ manis]
tangerina (f)	jeruk mandarin	[dʒˈeruʔ mandarin]
ananás (m)	nanas	[nanas]
banana (f)	pisang	[pisaŋ]
tâmara (f)	buah kurma	[buah kurma]
limão (m)	jeruk sitrun	[dʒˈeruʔ sitrun]
damasco (m)	aprikot	[aprikot]
pêssego (m)	persik	[persiʔ]
kiwi (m)	kiwi	[kiwi]
toranja (f)	jeruk Bali	[dʒˈeruʔ bali]
baga (f)	buah beri	[buah beri]
bagas (f pl)	buah-buah beri	[buah-buah beri]
arando (m) vermelho	buah cowberry	[buah kowberi]
morango-silvestre (m)	stroberi liar	[stroberi liar]
mirtilo (m)	buah bilberi	[buah bilberi]

145. Flores. Plantas

flor (f)	bunga	[buŋa]
ramo (m) de flores	buket	[buket]
rosa (f)	mawar	[mawar]
tulipa (f)	tulip	[tulip]
cravo (m)	bunga anyelir	[buŋa anjelir]
gladíolo (m)	bunga gladiol	[buŋa gladiol]
centáurea (f)	cornflower	[kornflawa]
campânula (f)	bunga lonceng biru	[buŋa lontʃeŋ biru]
dente-de-leão (m)	dandelion	[dandelion]
camomila (f)	bunga margrit	[buŋa margrit]
aloé (m)	lidah buaya	[lidah buaja]
cato (m)	kaktus	[kaktus]
fícus (m)	pohon ara	[pohon ara]
lírio (m)	bunga lili	[buŋa lili]
gerânio (m)	geranium	[geranium]
jacinto (m)	bunga bakung lembayung	[buŋa bakuŋ lembajuŋ]
mimosa (f)	putri malu	[putri malu]
narciso (m)	bunga narsis	[buŋa narsis]
capuchinha (f)	bunga nasturtium	[buŋa nasturtium]
orquídea (f)	anggrek	[aŋgreʲ]
peónia (f)	bunga peoni	[buŋa peoni]
violeta (f)	bunga violet	[buŋa violet]
amor-perfeito (m)	bunga pansy	[buŋa pansi]
não-me-esqueças (m)	bunga jangan-lupakan-daku	[buŋa dʒʲaŋan-lupakan-daku]
margarida (f)	bunga desi	[buŋa desi]
papoula (f)	bunga madat	[buŋa madat]
cânhamo (m)	rami	[rami]
hortelã (f)	mint	[min]
lírio-do-vale (m)	lili lembah	[lili lembah]
campânula-branca (f)	bunga tetesan salju	[buŋa tetesan saldʒʲu]
urtiga (f)	jelatang	[dʒʲelataŋ]
azeda (f)	daun sorrel	[daun sorrel]
nenúfar (m)	lili air	[lili air]
feto (m), samambaia (f)	pakis	[pakis]
líquen (m)	lichen	[litʃen]
estufa (f)	rumah kaca	[rumah katʃa]
relvado (m)	halaman berumput	[halaman bərumput]
canteiro (m) de flores	bedeng bunga	[bedeŋ buŋa]
planta (f)	tumbuhan	[tumbuhan]
erva (f)	rumput	[rumput]

folha (f) de erva	sehelai rumput	[sehelaj rumput]
folha (f)	daun	[daun]
pétala (f)	kelopak	[kelopaʔ]
talo (m)	batang	[bataŋ]
tubérculo (m)	ubi	[ubi]

| broto, rebento (m) | tunas | [tunas] |
| espinho (m) | duri | [duri] |

florescer (vi)	berbunga	[bərbuŋa]
murchar (vi)	layu	[laju]
cheiro (m)	bau	[bau]
cortar (flores)	memotong	[memotoŋ]
colher (uma flor)	memetik	[memetiʔ]

146. Cereais, grãos

grão (m)	biji-bijian	[bidʒi-bidʒian]
cereais (plantas)	padi-padian	[padi-padian]
espiga (f)	bulir	[bulir]

trigo (m)	gandum	[gandum]
centeio (m)	gandum hitam	[gandum hitam]
aveia (f)	oat	[oat]
milho-miúdo (m)	jawawut	[dʒʲawawut]
cevada (f)	jelai	[dʒʲelaj]

milho (m)	jagung	[dʒʲaguŋ]
arroz (m)	beras	[beras]
trigo-sarraceno (m)	buckwheat	[bakvit]

ervilha (f)	kacang polong	[katʃaŋ poloŋ]
feijão (m)	kacang buncis	[katʃaŋ buntʃis]
soja (f)	kacang kedelai	[katʃaŋ kedelaj]
lentilha (f)	kacang lentil	[katʃaŋ lentil]
fava (f)	kacang-kacangan	[katʃaŋ-katʃaŋan]

PAÍSES. NACIONALIDADES

147. Europa Ocidental

Europa (f)	Eropa	[eropa]
União (f) Europeia	Uni Eropa	[uni eropa]
Áustria (f)	Austria	[austria]
Grã-Bretanha (f)	Britania Raya	[britania raja]
Inglaterra (f)	Inggris	[iŋgris]
Bélgica (f)	Belgia	[belgia]
Alemanha (f)	Jerman	[dʒˈerman]
Países (m pl) Baixos	Belanda	[belanda]
Holanda (f)	Belanda	[belanda]
Grécia (f)	Yunani	[yunani]
Dinamarca (f)	Denmark	[denmarˀ]
Irlanda (f)	Irlandia	[irlandia]
Islândia (f)	Islandia	[islandia]
Espanha (f)	Spanyol	[spanjol]
Itália (f)	Italia	[italia]
Chipre (m)	Siprus	[siprus]
Malta (f)	Malta	[malta]
Noruega (f)	Norwegia	[norwegia]
Portugal (m)	Portugal	[portugal]
Finlândia (f)	Finlandia	[finlandia]
França (f)	Prancis	[prantʃis]
Suécia (f)	Swedia	[swedia]
Suíça (f)	Swiss	[swiss]
Escócia (f)	Skotlandia	[skotlandia]
Vaticano (m)	Vatikan	[vatikan]
Liechtenstein (m)	Liechtenstein	[lajhtensteyn]
Luxemburgo (m)	Luksemburg	[luksemburg]
Mónaco (m)	Monako	[monako]

148. Europa Central e de Leste

Albânia (f)	Albania	[albania]
Bulgária (f)	Bulgaria	[bulgaria]
Hungria (f)	Hongaria	[hoŋaria]
Letónia (f)	Latvia	[latvia]
Lituânia (f)	Lituania	[lituania]
Polónia (f)	Polandia	[polandia]

Roménia (f)	Romania	[romania]
Sérvia (f)	Serbia	[serbia]
Eslováquia (f)	Slowakia	[slowakia]
Croácia (f)	Kroasia	[kroasia]
República (f) Checa	Republik Ceko	[republi' tʃeko]
Estónia (f)	Estonia	[estonia]
Bósnia e Herzegovina (f)	Bosnia-Hercegovina	[bosnia-hersegovina]
Macedónia (f)	Makedonia	[makedonia]
Eslovénia (f)	Slovenia	[slovenia]
Montenegro (m)	Montenegro	[montenegro]

149. Países da ex-URSS

Azerbaijão (m)	Azerbaijan	[azerbajdʒ'an]
Arménia (f)	Armenia	[armenia]
Bielorrússia (f)	Belarusia	[belarusia]
Geórgia (f)	Georgia	[dʒordʒia]
Cazaquistão (m)	Kazakistan	[kazakstan]
Quirguistão (m)	Kirgizia	[kirgizia]
Moldávia (f)	Moldova	[moldova]
Rússia (f)	Rusia	[rusia]
Ucrânia (f)	Ukraina	[ukrajna]
Tajiquistão (m)	Tajikistan	[tadʒikistan]
Turquemenistão (m)	Turkmenistan	[turkmenistan]
Uzbequistão (f)	Uzbekistan	[uzbekistan]

150. Asia

Ásia (f)	Asia	[asia]
Vietname (m)	Vietnam	[vjetnam]
Índia (f)	India	[india]
Israel (m)	Israel	[israel]
China (f)	Tiongkok	[tjoŋko']
Líbano (m)	Lebanon	[lebanon]
Mongólia (f)	Mongolia	[moŋolia]
Malásia (f)	Malaysia	[malajsia]
Paquistão (m)	Pakistan	[pakistan]
Arábia (f) Saudita	Arab Saudi	[arab saudi]
Tailândia (f)	Thailand	[tajland]
Taiwan (m)	Taiwan	[tajwan]
Turquia (f)	Turki	[turki]
Japão (m)	Jepang	[dʒ'epaŋ]
Afeganistão (m)	Afghanistan	[afganistan]
Bangladesh (m)	Bangladesh	[baŋladeʃ]

| Indonésia (f) | Indonesia | [indonesia] |
| Jordânia (f) | Yordania | [yordania] |

Iraque (m)	Irak	[ira']
Irão (m)	Iran	[iran]
Camboja (f)	Kamboja	[kambodʒia]
Kuwait (m)	Kuwait	[kuweyt]

Laos (m)	Laos	[laos]
Myanmar (m), Birmânia (f)	Myanmar	[myanmar]
Nepal (m)	Nepal	[nepal]
Emirados Árabes Unidos	Uni Emirat Arab	[uni emirat arab]

Síria (f)	Suriah	[suriah]
Palestina (f)	Palestina	[palestina]
Coreia do Sul (f)	Korea Selatan	[korea selatan]
Coreia do Norte (f)	Korea Utara	[korea utara]

151. América do Norte

Estados Unidos da América	Amerika Serikat	[amerika serikat]
Canadá (m)	Kanada	[kanada]
México (m)	Meksiko	[meksiko]

152. América Central do Sul

Argentina (f)	Argentina	[argentina]
Brasil (m)	Brasil	[brasil]
Colômbia (f)	Kolombia	[kolombia]
Cuba (f)	Kuba	[kuba]
Chile (m)	Chili	[tʃili]

Bolívia (f)	Bolivia	[bolivia]
Venezuela (f)	Venezuela	[venezuela]
Paraguai (m)	Paraguay	[paraguaj]
Peru (m)	Peru	[peru]
Suriname (m)	Suriname	[suriname]
Uruguai (m)	Uruguay	[uruguaj]
Equador (m)	Ekuador	[ekuador]
Bahamas (f pl)	Kepulauan Bahama	[kepulauan bahama]
Haiti (m)	Haiti	[haiti]

República (f) Dominicana	Republik Dominika	[republi' dominika]
Panamá (m)	Panama	[panama]
Jamaica (f)	Jamaika	[dʒiamajka]

153. Africa

| Egito (m) | Mesir | [mesir] |
| Marrocos | Maroko | [maroko] |

Tunísia (f)	Tunisia	[tunisia]
Gana (f)	Ghana	[gana]
Zanzibar (m)	Zanzibar	[zanzibar]
Quénia (f)	Kenya	[kenia]
Líbia (f)	Libia	[libia]
Madagáscar (m)	Madagaskar	[madagaskar]
Namíbia (f)	Namibia	[namibia]
Senegal (m)	Senegal	[senegal]
Tanzânia (f)	Tanzania	[tanzania]
África do Sul (f)	Afrika Selatan	[afrika selatan]

154. Austrália. Oceania

Austrália (f)	Australia	[australia]
Nova Zelândia (f)	Selandia Baru	[selandia baru]
Tasmânia (f)	Tasmania	[tasmania]
Polinésia Francesa (f)	Polinesia Prancis	[polinesia prantʃis]

155. Cidades

Amesterdão	Amsterdam	[amsterdam]
Ancara	Ankara	[ankara]
Atenas	Athena	[atena]
Bagdade	Bagdad	[bagdad]
Banguecoque	Bangkok	[baŋko']
Barcelona	Barcelona	[bartʃelona]
Beirute	Beirut	[beyrut]
Berlim	Berlin	[berlin]
Bombaim	Mumbai	[mumbaj]
Bona	Bonn	[bonn]
Bordéus	Bordeaux	[bordo]
Bratislava	Bratislava	[bratislava]
Bruxelas	Brussel	[brusel]
Bucareste	Bukares	[bukares]
Budapeste	Budapest	[budapest]
Cairo	Kairo	[kajro]
Calcutá	Kolkata	[kolkata]
Chicago	Chicago	[tʃikago]
Cidade do México	Meksiko	[meksiko]
Copenhaga	Kopenhagen	[kopenhagen]
Dar es Salaam	Darussalam	[darussalam]
Deli	Delhi	[delhi]
Dubai	Dubai	[dubaj]
Dublin, Dublim	Dublin	[dublin]
Düsseldorf	Düsseldorf	[dyuseldorf]
Estocolmo	Stockholm	[stokholm]

Florença	Firenze	[firenze]
Frankfurt	Frankfurt	[frankfurt]
Genebra	Jenewa	[dʒʲenewa]
Haia	Den Hague	[den hag]
Hamburgo	Hamburg	[hamburg]
Hanói	Hanoi	[hanoi]
Havana	Havana	[havana]

Helsínquia	Helsinki	[helsinki]
Hiroshima	Hiroshima	[hiroʃima]
Hong Kong	Hong Kong	[hoŋ koŋ]
Istambul	Istambul	[istambul]
Jerusalém	Yerusalem	[erusalem]

Kiev	Kiev	[kiev]
Kuala Lumpur	Kuala Lumpur	[kuala lumpur]
Lisboa	Lisbon	[lisbon]
Londres	London	[london]
Los Angeles	Los Angeles	[los enzheles]
Lion	Lyons	[lion]

Madrid	Madrid	[madrid]
Marselha	Marseille	[marseille]
Miami	Miami	[miami]
Montreal	Montréal	[montreal]
Moscovo	Moskow	[moskow]
Munique	Munich	[munitʃ]

Nairóbi	Nairobi	[najrobi]
Nápoles	Napoli	[napoli]
Nice	Nice	[nitʃe]
Nova York	New York	[nju yorʔ]

Oslo	Oslo	[oslo]
Ottawa	Ottawa	[ottawa]
Paris	Paris	[paris]
Pequim	Beijing	[beydʒiŋ]
Praga	Praha	[praha]

Rio de Janeiro	Rio de Janeiro	[rio de dʒʲaneyro]
Roma	Roma	[roma]
São Petersburgo	Saint Petersburg	[sajnt petersburg]
Seul	Seoul	[seoul]
Singapura	Singapura	[siŋapura]
Sydney	Sydney	[sidni]

Taipé	Taipei	[tajpey]
Tóquio	Tokyo	[tokio]
Toronto	Toronto	[toronto]
Varsóvia	Warsawa	[warsawa]

| Veneza | Venesia | [venesia] |
| Viena | Wina | [wina] |

| Washington | Washington | [waʃiŋton] |
| Xangai | Shanghai | [ʃanhaj] |

www.ingramcontent.com/pod-product-compliance
Lightning Source LLC
Chambersburg PA
CBHW070603050426
42450CB00011B/2959